//
Entre en...
los poderes
de la parapsicología

Laura Tuan

Entre en...
los poderes
de la parapsicología

Los fenómenos extrasensoriales,
la psicokinesia, la clarividencia, etc.

A pesar de haber puesto el máximo cuidado en la redacción de esta obra, el autor o el editor no pueden en modo alguno responsabilizarse por las informaciones (fórmulas, recetas, técnicas, etc.) vertidas en el texto. Se aconseja, en el caso de problemas específicos —a menudo únicos— de cada lector en particular, que se consulte con una persona cualificada para obtener las informaciones más completas, más exactas y lo más actualizadas posible. EDITORIAL DE VECCHI, S. A. U.

Fotografías de la cubierta: © *David Samuel Robbins/Getty Images;* © *Veer Third Eye Images/Getty Images.*

© Editorial De Vecchi, S. A. 2018
© [2018] Confidential Concepts International Ltd., Ireland
Subsidiary company of Confidential Concepts Inc, USA
ISBN: 978-1-68325-831-5

El Código Penal vigente dispone: «Será castigado con la pena de prisión de seis meses a dos años o de multa de seis a veinticuatro meses quien, con ánimo de lucro y en perjuicio de tercero, reproduzca, plagie, distribuya o comunique públicamente, en todo o en parte, una obra literaria, artística o científica, o su transformación, interpretación o ejecución artística fijada en cualquier tipo de soporte o comunicada a través de cualquier medio, sin la autorización de los titulares de los correspondientes derechos de propiedad intelectual o de sus cesionarios. La misma pena se impondrá a quien intencionadamente importe, exporte o almacene ejemplares de dichas obras o producciones o ejecuciones sin la referida autorización». (Artículo 270)

Índice

Introducción	9
El origen de los poderes paranormales: teorías e hipótesis.	12
Las funciones cerebrales	16
Todos somos sensitivos	19
Pruebas de percepción extrasensorial	27
Sugerencias y prácticas para aumentar las potencialidades paranormales	33
Los animales, las plantas y los poderes paranormales.	45
Las escuelas occidentales	47
Las escuelas orientales	51
Técnicas básicas	56
La clarividencia: la visión sutil	64
La precognición	68
La telepatía o el arte de comunicarse con el pensamiento	81
Los fenómenos PK	85
Los fenómenos extraños	92

Introducción

De la comparación de diversos cuentos y mitos creados por distintos pueblos y en diferentes latitudes, surgen algunas constantes fijas, casi estereotipadas, de evidente contenido iniciático. El héroe, blanco, amarillo o negro, se extravía en cierto momento de la historia en un lugar misterioso e inaccesible. Ya se trate de un bosque o de una jungla, de un desierto o del vientre de un inmenso cetáceo, el significado es casi inmediato: es necesario alejarse de la comunidad, experimentar el aislamiento y la alteridad, superar difíciles pruebas y enfrentarse a la trampa del laberinto para poder salir ilesos y dotados de poderes de los que se carecía antes de iniciar la prueba.

Sólo después de haber dominado la mente y el lugar menos fiable y más oscuro, el hombre tiene la posibilidad de acceder a la condición transhumana del iniciado, aquel que sabe y que únicamente en virtud de esto puede. Esto lo saben los chamanes, los magos y los yoguis, que sólo después de largos y constantes ejercicios de dominio de la mente alcanzan poderes aparentemente imposibles, como la visión a distancia, el vuelo y la capacidad de desplazar objetos sin tocarlos. Pero también es cierto que incluso el científico y el artista —es decir, aquellos que son universalmente considerados los grandes «usuarios» del cerebro— emplean como máximo el 30% del total de la capacidad de este. Millares y millares de sinapsis, como tarros aún cerrados, esperan ser abiertas para ofrecernos nuevas e inimaginables posibilidades.

Nos creemos fuertes y sabios porque hemos aprendido a manejar ordenadores, a dirigir automóviles y cohetes, y a dominar el átomo. Pero debemos detenernos frente a lo inexplicable, al igual que nuestros antepasados, y nos veremos, con asombro, como niños de una época anterior, que se pelean con las letras del alfabeto de nuestro primer silabario. Y, quizá, como tales debamos permanecer aún durante miles de años, hasta que no hayamos sondeado y aprendido a dominar el laberinto de nuestra mente.

A menudo solemos definir como «extraño» todo cuanto se sale de los esquemas mentales habituales. Por lo tanto, el fenómeno paranormal lo es también, ya que tiene su origen en las zonas oscuras y misteriosas de la mente y escoge canales distintos de los habituales para manifestarse.

El inconsciente es el almacén donde se depositan todas nuestras experiencias; se encuentra en comunicación con el inconsciente de todos los demás seres, el llamado *inconsciente colectivo*. La censura, como Cerbero en la puerta de los infiernos —Cerbero es el perro mítico de muchas cabezas que impedía a los vivos la entrada a los infiernos y a los muertos la salida—, hace de guardián y de aquella enorme cantidad de material, que continuamente se acumula, deja pasar sólo lo que es necesario para nuestra conciencia, aquello que no nos perturba ni está en contradicción con nuestra moral.

Al dormir, somos más libres en el sueño. Este representa una condición óptima para lo paranormal, así como todos los momentos que lo siguen y lo preceden, porque permite que el cerebro entre fácilmente en alfa, la longitud de onda más apta para su manifestación. El mismo estado puede reproducirse esporádicamente o de forma incompleta durante la vigilia, ya sea de modo espontáneo o provocado, por medio de técnicas respiratorias o de la meditación.

La metodología científica, rigurosa y racional, en efecto, presupone que los fenómenos estudiados se repiten y pueden medirse. Pero lo paranormal no responde a estas leyes; no existen instrumentos para medir las potencialidades ocultas de un individuo, siempre variables y sensibles al ambiente externo, a los biorritmos y al influjo de los astros.

ESP y PK: definiciones y diferencias

A menudo se oye hablar, de un modo confuso y erróneo, de poderes psíquicos, un término evocador de imágenes que pueden ser perturbadoras o, incluso, ridículas (muebles que se elevan y brujas de mirada maléfica, magos de revista o médiums), que acarrean el descrédito al mundo de lo paranormal, ya de por sí objeto de dudas e incredulidades.

Pero si bien es cierto que la aceptación acrítica de todo cuanto se propone no demuestra que se posea un intelecto brillante, el rechazo categórico, que no va precedido del esfuerzo por analizar y comprender, tampoco demuestra nada. Analizar, dividir, seleccionar, cuantificar y tratar de reproducir en el laboratorio lo increíble: así se abrió una ventana a lo desconocido.

De todos modos, en líneas generales, la compleja esfera de lo paranormal puede ser dividida en dos grandes sectores: los fenómenos de efecto psíquico (ESP, *Extra Sensory Perception*), que comprenden las facultades de percepción extrasensorial (telepatía, clarividencia, clariaudiencia, precognición, retrocognición...) y los fenómenos de efecto físico o PK (materialización y desmaterialización, psicoquinesis, telequinesis, levitación, etc.), más difíciles de encontrar y, en la mayoría de los casos, involuntarios.

El origen de los poderes paranormales: teorías e hipótesis

Las teorías paracientíficas

La energía

Se trataría de energía extrafísica, de una actividad cognoscitiva independiente del sistema nervioso. Se manifestaría en un vasto psiquismo, extendido en el tiempo y en el espacio, común a todos los seres vivientes (hombres, animales y plantas) y que los pondría en comunicación los unos con los otros. En cuanto al origen, las hipótesis varían en un amplio espectro que va desde un extremo meramente físico a otro totalmente espiritual, según los estudiosos.

Los fluidos

Según esta teoría existirían fluidos energéticos de origen físico que pondrían en conexión al sensitivo con un objeto, al agente con el receptor. Fue la primera teoría científica formulada en torno a lo paranormal a finales del siglo XVIII, cuando se descubrió que los sujetos magnetizados por Mesmer, es decir, puestos en estado hipnótico, manifestaban dotes extrasensoriales y latentes durante el estado de vigilia. Se supuso entonces la existencia de una corriente de fluidos entre magnetizador y sujeto, que era la causa de las misteriosas manifestaciones que se verificaban durante el experimento. Lo paranormal en la hipnosis se convirtió en aquella época en un juego de salón; una serie de experimentadores, médiums y sensitivos se sucedían en escena para producir los más asombrosos efectos. Entonces se creía que el fluido era emanado, sobre todo, por los dedos y que, a través de estos, también podía ser captado.

Los neutrones
Algunos autores consideran que los contenidos psíquicos están constituidos por pequeñísimas partículas atómicas, neutrones o isótopos radiactivos de potasio, contenidos en los componentes del cuerpo humano. Su migración permitiría la manifestación del fenómeno perceptivo extrasensorial, visto como contacto y combinación de tales micropartículas con las de otros seres.

Las ondas
La teoría de las ondas cerebrales como ondas eléctricas o electromagnéticas propagables de un cerebro a otro tuvo gran predicamento durante largo tiempo hasta que Vasíliev demostró en el laboratorio su falta de fundamento. Sin embargo, permanece abierta la hipótesis de otro tipo de ondas, quizá biomagnéticas, todavía desconocidas.

La teoría de la relatividad
La voluntad sería capaz de actuar a nivel vibratorio: dilataría el tiempo y comprimiría, en consecuencia, el espacio. El sensitivo sería capaz de proyectarse en el futuro o de retroceder en el pasado.

Los objetos superlumínicos
Se plantea la hipótesis de la existencia de objetos superlumínicos, dotados de una velocidad superior a la de la luz (300 000 km/s).
  Al moverse a tal velocidad, la materia llega así a subvertir la concatenación causa-efecto e invalida la función del tiempo. Según esta hipótesis, la acción de coger con la mano el lápiz no sería previa al acto de escribir, sino que sería casi simultánea o consecuente.

Las teorías ocultistas

El akasa
El jainismo, antigua religión india contemporánea del budismo, definió con el término *akasa* uno de los cinco elementos cósmicos: el éter.
  El akasa es el archivo, el espacio psíquico en el cual son fijadas las huellas de todo lo que ha sido, lo que es y lo que será. Una inmensa memoria

del universo, de la cual el sensitivo obtendría informaciones a través de visiones, y a la cual se llegaría directamente a través de una exteriorización del cuerpo sutil.

Las entidades

El cuerpo físico del sensitivo que, en cuanto ser viviente, está imposibilitado de alcanzar los planos superiores del ser, sería manejado, en determinadas condiciones, por entidades desencarnadas.

Relegada a un lado la conciencia del sujeto, estas entidades controlarían el cuerpo y la mente de aquel sirviéndose del mismo para comunicar lo que perciben directamente. También podrían, sin llegar a la corporeidad, comunicarse con el ser viviente mediante otras técnicas: telepatía, escritura automática, ouija, tiptología..., todas muy conocidas en los ambientes espiritistas.

Los extraterrestres

Se trata de las mismas hipótesis, pero aplicadas tanto a seres desencarnados como a los provenientes de otros planetas. Dotados de mayor inteligencia y con un nivel espiritual superior al del hombre, serían capaces de conocer y de comunicar cosas desconocidas para la humanidad, porque transcenderían el tiempo y el espacio. Según una fascinante hipótesis, habrían sido justamente los extraterrestres los encargados de enseñar a los primeros hombres los conocimientos arcanos que luego se perdieron y de los cuales no quedan actualmente más que leves trazos.

La sincronicidad

Acuñado por el psicólogo suizo C. G. Jung, el vocablo *sincronicidad* (del griego *syn-kronos*, «simultáneo») se utiliza en parapsicología para indicar la relación significativa entre hechos aparentemente desprovistos de cualquier vinculación directa. Lo semejante, afirma una de las primeras leyes mágicas, atrae a lo semejante. Todos los ocultistas conocen la leyenda de las Tablas de Esmeralda halladas en Egipto, según se dice, y transmitidas a los hombres por un ser mítico: el Hermes de los griegos, provisto del caduceo, o el dios Toth de los egipcios, divinidad de los escribas y de los misterios. En ellas está escrito: «Todo es espíritu, el universo es lo mental. Aquello que está encima es como lo que está debajo. Nada reposa, todo se mueve, todo vibra. Todo es doble. Cada cosa posee dos polos, todo tiene dos extremos, lo semejante y lo diferente poseen el mismo significado. Los polos opuestos tienen una naturaleza idéntica, pero en diferentes grados: los extremos se tocan. »Todas las verdades no son más que una; todas las paradojas pueden conciliarse. Todo transcurre desde dentro y desde fuera; cada cosa tiene su propia duración; todo se transforma, y luego degenera. La oscilación del péndulo se manifiesta en todas las cosas. La amplitud de su oscilación a la derecha es similar a la medida de su oscilación a la izquierda. El ritmo es constante. Todo tiene su efecto, que está determinado por una causa. Todas las cosas suceden conforme a la ley. La suerte no es más que un nombre dado a la ley mal entendida. Existen numerosos aspectos de la casualidad, pero ninguno se escapa de la ley.

»Existe un género en todas las cosas; cada una posee unos elementos propios masculinos y femeninos. El género se manifiesta en todos los planos. Existe una correspondencia entre el elemento sólido y concreto, y el sutil».

En estas breves líneas están reunidas las semillas, los gérmenes sobre los cuales se fundan las implicaciones teóricas de tantas culturas esotéricas diferentes. Está en ellas el devenir cíclico del taoísmo chino, de la alternancia entre el ying y el yang; el mecanicismo de las leyes de causa y efecto, y el karma hindú. Está el mundo platónico de las ideas, el eterno devenir de Heráclito y toda la doctrina de las correspondencias cósmicas, la estructura básica del ocultismo occidental.

Los contenidos afectivos comunes a todos los hombres actúan más allá de los confines individuales del mundo interior. Y cuando nuestra mente llega a encontrarse en una situación de este tipo y activa elementos emotivos muy cargados, iguales para todos los seres humanos porque pertenecen al inconsciente colectivo, se logra, según esta teoría, ponerse en comunicación con otras mentes y trascender las dimensiones humanas del espacio y el tiempo.

Las funciones cerebrales

El sistema cerebroespinal preside todas las funciones de la vida de relación. Está constituido por nervios periféricos y por el sistema nervioso central, que comprende el encéfalo, situado en la caja craneal, y la médula espinal, ambos protegidos por las meninges.
Microscópicamente, el cerebro lo forman de más de catorce millones de células nerviosas o neuronas vinculadas entre sí por uniones llamadas *sinapsis*.

■ El *cerebro anterior* es la parte más voluminosa del cerebro; consta de dos hemisferios cerebrales, separados por la cesura longitudinal, y cubre la parte superior el diencéfalo. Los hemisferios no aparecen perfectamente simétricos entre sí: algunas veces puede suceder que el izquierdo pese algo más que el derecho. Su superficie presenta un gran número de relieves, llamados *circunvoluciones*, separadas por surcos. Los hemisferios están constituidos por una porción periférica de sustancia gris, llamada *corteza*, y por una masa interna blanca, llamada *sustancia blanca central*. La corteza, rica en células nerviosas, no se interrumpe nunca en toda la capa cerebral. La sustancia blanca interior se compone de fibras mielínicas y de la llamada *neuroglia*.
La epífisis, o glándula pineal, es un pequeño cuerpo de color grisáceo cuyas funciones, poco conocidas, se limitarían, según la ciencia oficial, a una acción inhibidora del desarrollo de los caracteres sexuales secundarios. Pero, por el contrario, parece que la epífisis está estrechamente ligada a lo paranormal y que, si bien permanece inactiva en el hombre moderno, ha funcionado de modo especial en el cerebro de nuestros predecesores.

■ El *cerebro medio* o mesencéfalo se halla sobre la protuberancia anular.

■ El *cerebro posterior* o *romboencéfalo* es aquella zona de la masa cerebral que se conecta por su parte inferior con la médula espinal, y está dividida en tres zonas: cerebelo, bulbo raquídeo y puente de Varolio. Esta parte del encéfalo es la más antigua: se cree que constituye la herencia ancestral animal y, por lo tanto, reviste una gran importancia en cuanto a las capacidades extrasensoriales.

A medida que se asciende en la escala biológica, los hemisferios cerebrales asumen una importancia cada vez mayor en relación con la evolución de las funciones de la inteligencia. La corteza cerebral que recubre los hemisferios es la sede de todos los actos psíquicos superiores y puede ser considerada, sin lugar a dudas, como el órgano de la ideación. Cuando una sensación alcanza la conciencia, o bien los centros corticales de la atención, es posible advertir su calidad e intensidad, que se hace consciente y se transforma en percepción.

Las percepciones dejan huellas duraderas tras producirse, es decir, imprimen en los centros correspondientes unas imágenes cada vez más profundas al repetirse. Tales imágenes, evocadas por la voluntad, dan origen al recuerdo.

La corteza está compuesta de zonas que tienen un valor fisiológico diverso. Sin embargo, funciona como un todo: para ello, recoge y unifica las diversas impresiones, y las codifica a continuación en ideas y recuerdos. También los dos hemisferios cerebrales se caracterizan por una actividad diferente: el izquierdo está destinado al uso del pensamiento lógico-matemático, mientras que el derecho lo está al del pensamiento de tipo espacial, intuitivo-artístico. Las mujeres, los niños, los artistas y los sensitivos suelen utilizar más a menudo la parte derecha del cerebro, al contrario de lo que sucede con los varones adultos, más lógicos y racionales, que tienden a emplear más el derecho.

La actividad mental revelada mediante un electroencefalógrafo consiste en emisiones, más o menos regulares, de ondas eléctricas; se trata de los llamados ritmos cerebrales: ondas beta, con una frecuencia superior a los 14 ciclos por segundo; ondas alfa (entre los 8 y los 14 ciclos); ondas delta (menos de 4 ciclos). Cada estado particular de conciencia, caracterizado por un tipo diferente de actividad cerebral, está ligado a una de estas cuatro variedades de emisión:

— beta, para la vigilia;
— alfa, para aquellos momentos especiales entre la vigilia y el sueño o para los estados de conciencia alterada, interiorizada;
— theta, para situaciones emotivas especiales o durante el sueño profundo;
— delta, en caso de coma o al borde de la muerte.

Alfa y theta son, por tanto, la frecuencia de lo paranormal, que tanto el ocultista como el científico, el iniciado o el escéptico, emiten de manera indistinta en determinados momentos, como simples representantes de la especie humana. Son estos los preciosos instantes en los cuales algo en nosotros tiende hacia el infinito y bebe en él; se abren unos sutiles canales incorpóreos, aunque sólo sea por un instante, que nos ponen en comunicación con una dimensión desconocida, donde las leyes del tiempo, el espacio y la materia se anulan. La transmisión del pensamiento entre seres especialmente lejanos, la percepción de hechos del futuro, el diálogo con personas que ya han abandonado el cuerpo material e, incluso, con entidades superfísicas, la canalización de fuerzas cósmicas con fines operativos, todo ello se hace posible y racionalmente aceptable.

Todos los niños, hasta la edad de siete años —definida como la edad de la razón porque coincide con la instauración del pensamiento lógico—, emiten con gran facilidad ondas alfa. Son pequeños e inconscientes sensitivos guiados por el instinto y de una pureza que los hace libres de cualquier esquema. Hay momentos en los cuales el niño, señalando algo impreciso, interrumpe un juego y comienza a contar o quizás a recordar, y nosotros decimos entonces que sueña; otras veces, al farfullar una frase ingenua y estremecedora, se transforma en un sorprendente adivino de labios manchados de mermelada y capaz de las predicciones más crueles e infalibles. Pero luego, inevitablemente, crece y aprende a no pronunciar más aquellas frases insensatas que perturbaban a los padres, aprende la tabla de multiplicar y no se ensucia más con la mermelada. Afirmar que todos los humanos están dotados de canales ocultos es lo mismo que decir que todos estamos provistos de arterias y venas. La posibilidad de entrar en un estado de conciencia interiorizada (en otras palabras, de emitir ondas alfa, presentes en cada uno de nosotros) no se nos ofrece a todos a voluntad, ni en la misma medida.

Todos somos sensitivos

Las facultades paranormales están presentes en todos, aunque en estado latente. La estadística, único medio actualmente a disposición de la ciencia oficial para el estudio de lo paranormal, puede brindarnos sólo informaciones aproximadas sobre la frecuencia y la modalidad de actuación de los fenómenos, la franja de edad y el sexo de los individuos en que tales sucesos se manifiestan comúnmente.

Ante todo es necesario tener presente que, si bien muchos poseen tales dotes, pocos lo reconocen. El miedo al ridículo, la incredulidad racional, el dogmatismo y el antiguo prejuicio que vincula lo paranormal a la brujería, conducen a silenciar ciertos hechos, a olvidarlos o a considerarlos simplemente un fruto de la casualidad.

Luego, si es cierto que todos poseemos potencialmente poderes psi, no lo es menos que no todos los hemos desarrollado en la misma medida. En algunos individuos muy sensibles, están en constante actividad, hasta el punto de poder ser dominados y usados a voluntad. En otros, la sensibilidad no dura toda la vida y se presenta sólo esporádicamente, sin posibilidad de control por parte del interesado, que siente ante ella, por ende, temor y angustia.

En otra época, las facultades paranormales eran consideradas un síntoma de situaciones psicopatológicas; se creía que los individuos más dotados para lo paranormal eran aquellos más inestables, particularmente nerviosos y emotivos. Pero investigaciones posteriores han derribado ciertos prejuicios, y han demostrado que incluso las personas más firmes y equilibradas poseen poderes paranormales en la misma medida que los demás. Naturalmente, estos se agudizan por el placer de llamar la atención y de dar el espectáculo; pero no se puede en absoluto juzgar como patológica una mínima mancha de ambición en el carácter. A la luz de lo dicho anteriormente, se puede afirmar que la sensitividad no es algo peculiar de una clase de individuos, sino que se presenta en cada uno con modalidades diversas según la personalidad, los factores de predisposición hereditaria y la situación astral del nacimiento, la cual resume y explica todas las características del sujeto.

Tipología del sensitivo

Las investigaciones de laboratorio han delineado la figura óptima del sensitivo como un individuo abierto y extravertido, fantasioso y dúctil; un sujeto capaz de relajarse, de imaginar, de recordar los propios sueños y de sentir; en suma, una persona que usa el hemisferio cerebral derecho. Una emotividad constitucional, un agudo sentido de la aventura y una profunda atracción por lo desconocido parecerían ser los ingredientes indispensables de su personalidad.

¿Está usted predestinado a lo paranormal o por lo menos cree, o espera estarlo? Hágase, o si no se siente capaz de ello, encárguelo a un astrólogo, su tema natal.

La astrología atribuye la sensitividad a los signos de agua (Cáncer, Escorpio, Piscis), los cuales predisponen a la sensibilidad, a la emotividad, al sueño y a la curiosidad intelectual. Los signos de aire (Géminis, Libra, Acuario) incitan el sentido de exploración y búsqueda de los misterios del universo. Los signos de tierra (Tauro, Virgo, Capricornio) están dotados de un espíritu metodológico racional y tenaz que conduce paso a paso, sin interrupciones ni digresiones, a la meta que se desea. El fuego (Aries, Leo, Sagitario) se caracteriza por su audacia y su ímpetu.

Gracias a la quiromancia (el estudio de las líneas y de los distintos signos presentes en la superficie palmar) podemos saber si un individuo tiene las facultades de un sensitivo.

En la mano del sensitivo aparece bastante marcada la línea de la intuición. Los dedos largos, la primera falange del corazón muy desarrollada, el índice inclinado hacia este, el anular y el meñique bien distanciados, son todos signos de una marcada inclinación al misterio. También lo son un triángulo formado por la bifurcación de la línea de la salud en el punto en que se encuentra con la de la cabeza; los triángulos sobre el monte de Saturno; la cruz mística (es decir, una cruz situada entre la línea de la cabeza y la del corazón); el anillo de Salomón, un signo circular en la base del dedo índice, y algunas líneas aisladas sobre el monte de la Luna; todos los anteriores son factores que favorecen la investigación del misterio.

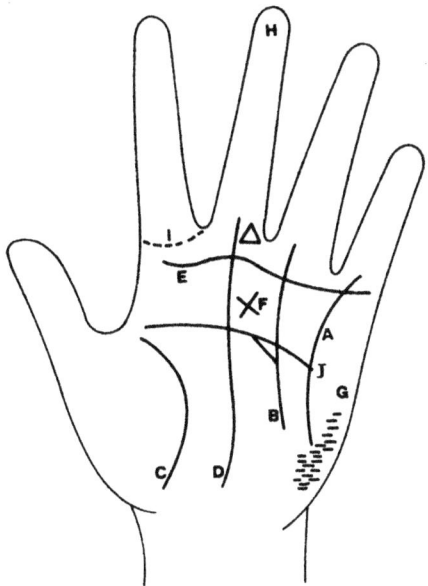

A: línea de la intuición; B: línea de la salud; C: línea de la vida; D: línea del destino; E: línea del corazón; F: cruz mística; G: monte de la Luna; H: primera falange del dedo corazón; I: anillo de Salomón; J: línea de la cabeza

Sociología del sensitivo

Los fenómenos psi se reproducen en todos los estratos sociales y culturales, en zonas geográficas diversas y en individuos de edades diferentes. A menudo, un factor común a todos es una infancia solitaria o infeliz o, de alguna forma, la superación de duras pruebas en la vida, cosa nada extraña, por otra parte, si se considera la adquisición de ciertas facultades como el resultado de un camino difícil hacia la conciencia. A este respecto se conocen numerosos casos en los cuales los fenómenos parapsíquicos, frecuentes durante los primeros años de vida, disminuyen hasta cesar por completo en la madurez. Otras veces, después de una infancia y de una adolescencia faltas de relieve en lo que concierne a la predisposición a lo paranormal, tales facultades se manifiestan de improviso en la edad adulta.

Por lo general, se dice que las mujeres, tiernas, soñadoras y emotivas, resultan atraídas en mayor medida que los hombres por la esfera de lo paranormal, lo cual ha sido científicamente comprobado.

No puede decirse que los hombres tengan menos percepciones extrasensoriales, pero, absorbidos como están la mayoría de las veces por intereses profesionales y por la vida fuera de casa, son más racionales debido a la propia responsabilidad y prestan poca atención, o creen menos. En caso de que crean, están menos predispuestos a admitir ciertas cosas y, por miedo al ridículo, a contarlas a los demás. Más cerrados y rígidos, prefieren atribuir al azar aquello que no siempre puede serle atribuido.

Una conocidísima investigadora, L. Rhine, ha comprobado de qué modo, durante las pruebas de laboratorio, un esfuerzo y una tensión excesivos pueden actuar como factores ansiógenos inhibidores. El conocimiento de los resultados obtenidos, si es positivo, puede actuar de estímulo, pero, en caso contrario, puede transformarse en una fuente de distracción y de desánimo. El aburrimiento y la paralización deben evitarse cuidadosamente. Es notable cómo, más allá de un cierto límite, las puntuaciones de sensitividad comienzan a estancarse claramente. Una pausa para la distensión y nuevas motivaciones serán una valiosa ayuda para animar la reanudación de la prueba. También influyen en el éxito de la misma el estado de salud, la luz, la temperatura, los sonidos, los perfumes, la alimentación y el uso de determinadas sustancias. Esto lo sabían perfectamente los antiguos profesionales de lo oculto, los magos y videntes del pasado, que solían preparar con cuidado todos los detalles, desde la vestimenta hasta el ambiente, para sus experiencias extrasensoriales. En la Edad Media hacían acopio de filtros y ungüentos, cuyos componentes alimentarían, quizás artificiosamente, aquel salto de conciencia, aquel quid definitivo de la ciencia de lo paranormal.

Datura y yohimbée, belladona y dedalera, acónito y beleño, algunas de las cuales se asemejan por su composición química a las endorfinas y a las encefalinas producidas por el organismo durante el trance, son los nombres de las plantas que habrían sido las verdaderas responsables del vuelo sobre la escoba y de las visiones de lugares lejanos.

Incluso la Pitia —la sacerdotisa de Apolo—, que profetizaba en Delfos, habría inhalado fumigaciones del más inocuo laurel. Y también el geranio, la ruda, el *Lotus corniculatus* de nuestros campos, así como moderadas dosis de vino y de té parecerían estimular, según recientes investigaciones, la manifestación de lo paranormal, gracias al aumento de la dilatación de los vasos cerebrales y a la pérdida de inhibiciones. De manera similar, la ingestión de café y té se revelaría de alguna utilidad contra la detención de la receptividad, el estancamiento y el aburrimiento que se manifiestan durante los ciclos de pruebas más o menos largos.

Se sabe que algunos de los más conocidos sensitivos, dotados de poderes paranormales, comenzaron a hacer trampas en cierto punto de su carrera. Obligados a realizar exhibiciones pagadas y a no desilusionar a su público ni a ellos mismos, conscientes del hecho de que lo paranormal, sujeto a una multiplicidad de factores, no siempre se puede obtener y reproducir con los mismos resultados, recurrieron a pequeños trucos o ficciones y trajeron de esta forma el descrédito sobre la realidad de estos fenómenos extrasensoriales que ellos mismos, en condiciones apropiadas, eran capaces de producir.

Existen, sin embargo, señales fisiológicas inequívocas, algunas evidentes a simple vista, otras mediante instrumentos, reveladoras del estado alfa: así, el electroencefalógrafo revela las emisiones de ondas cerebrales, siempre de baja frecuencia, durante las manifestaciones psi, y el pletismógrafo mide la afluencia de sangre y la constricción de los vasos en el sujeto en situación de reposo, mediante registros de banda continua.

Existe, en efecto, una íntima correlación entre el comportamiento del músculo cardiaco y determinados contenidos psíquicos. En el célebre experimento de Barry-Dean, el transmisor, situado a gran distancia del receptor (Burdeos y Nueva York), miraba una serie de cartoncitos que contenían una palabra, algunas comunes o absolutamente indiferentes para el receptor, y otras cargadas emotivamente. El experimento no requería que el sensitivo captara su significado, sino que estaba dirigido al control de las reacciones fisiológicas a través de aquel instrumento. De esta forma fue posible revelar cómo a cada transmisión-recepción de contenidos emotivamente cargados para el sujeto, correspondía una subida en los valores de la circulación.

La actitud correcta

El triste motivo por el cual lo paranormal es tan frecuentemente rechazado, escarnecido o despreciado, incluso por personas sensatas y conocedoras, no reside en su íntima constitución, sino en el abuso de que ha sido objeto, en el límite impreciso más allá del cual se diluye en la superstición y, sobre todo, en los individuos que lo practican. Deseosos de alcanzar fama o dinero, profundamente ignorantes o con sólo algunos conocimientos limitados y superficiales, estos individuos aparecen como personas frustradas, estúpidas o infelices, siempre en busca de algún tesoro escondido. Los psicólogos los definen como neuróticos. En efecto, incluso detrás del investigador más serio, frecuentemente nos encontramos con una infancia poco feliz, problemas sin resolver, largos sufrimientos e inquietudes no calmadas. Lo paranormal se inicia siempre con alguna ruptura: basta con pensar en el poder de los chamanes o en los vuelos de las brujas, siempre alimentados por una crisis, una enfermedad o un alejamiento de la comunidad.

El individuo perfectamente integrado en su existencia, satisfecho con los placeres que esta le concede, se muestra poco predispuesto al trabajo interior y difícilmente presta atención al misterio, si no es como un pasatiempo mundano y un poco extraño. En cambio, aquellos que por diversos motivos se ven atraídos por el misterio, manifiestan habitualmente posturas poco equilibradas.

Las personas que temen, rechazan y niegan con exceso de celo cualquier posible credibilidad a lo oculto, revelan así el deseo secreto que las estimulan o atemorizan; por otra parte, se encuentran aquellos que están enamorados del misterio hasta el punto de no saber discernir lo verdadero de lo falso, de no saber juzgar ni decidir; estos últimos se convierten en una presa fácil y deseada de los numerosos pícaros de lo oculto. Pero entre la aceptación acrítica de todo cuanto se nos propone y el rechazo categórico, el camino más inocuo, y también el más fructífero (si es cierto que la virtud está en el justo medio), consiste en creer sólo a sabiendas. No hay motivos para rechazar lo paranormal únicamente porque está más allá del mundo de los sentidos, de la materia a la que estamos acostumbrados desde siempre. Probar, experimentar y analizar: he aquí las palabras clave. Lo demás, si debe llegar, lo hará luego. De todos modos, es cierto que para sintonizar con otros canales, es necesario dejar de lado el racionalismo. La psi no pasa a través de la razón que, como una pared, la desvía y la repele, sino que esta debe intervenir más tarde para juzgar y discernir el auténtico fenómeno de una alegre mentira contada en un momento de debilidad. Los hechos telepáticos y precognitivos se presentan en la mente de improviso. ¡Atención! La primera impresión es, a menudo, la más exacta. Pero si, en lugar de dejar simplemente que esta funcione, se intenta captar mediante la razón, hay muchas posibilidades de equivocarse.

Por ejemplo, uno está convencido de que cierta persona llegará a las siete. Es un pensamiento inesperado, carente de toda lógica. Poco después de haberlo formulado, uno recuerda que no pasan trenes a las siete y que el que toma a menudo dicha persona llega a la estación sólo a las ocho y cuarenta; uno elabora entonces una segunda falsa intuición, con la que recubre la primera, y se convence de que tal persona llegará a las ocho y cuarenta. Y he aquí que a las siete, al aprovechar una afortunada invitación a viajar en coche, dicha persona llama a la puerta, ¡y nos deja de piedra!

Es el momento de comenzar a adiestrar la intuición, pariente cercana de la sensitividad. En las páginas siguientes se encuentran ejercicios destinados a ello, muy diversos entre sí, ya sea por su derivación, ya sea por los distintos instrumentos de los que se valen, pero todos en función del desarrollo de las actividades parapsicológicas.

Mi consejo es que usted los lea todos, reflexione sobre ellos y, si es necesario, los critique. Pero escoja instintivamente aquellos que sienta más próximos a usted para iniciar la práctica. Confíe en su primera intuición; probablemente estará más versado en la técnica que más le atraiga. Recuerde ahora que debe tener calma, constancia y moderación. No se desanime frente al primer fracaso y tampoco se crezca ante la primera tentativa con éxito. Como enseña el taoísmo, todo puede cambiar ya desde la primera vez. La voluntad de tener éxito le ayudará mucho, especialmente al principio, pero no exagere la práctica de los ejercicios, los cuales no deben distraerle de sus obligaciones ni de su trabajo. El ejercicio es útil cuando representa un paréntesis agradable, un momento dedicado a uno mismo en las actividades del día.

No hay que olvidar, por último, que si la falta de deseo es un estado negativo que conduce a la apatía y a la pereza, el exceso resulta igualmente destructivo. No hay que angustiarse, las facultades paranormales aflorarán con suavidad, espontáneamente, porque están ya presentes en usted, como una herencia ancestral filogenética. Ni el ESP ni el PK serán su última meta. Hay fines más altos, más importantes, más útiles para uno mismo y para los demás, que usted puede conseguir si no se obsesiona, unos objetivos más humanitarios o espirituales que no deben perderse de vista jamás. Los poderes que irá usted adquiriendo poco a poco serán sus mágicos ayudantes de la jornada; úselos bien, sin caer en el disparate. Utilícelos para vivir mejor, para sintonizar mejor con el universo. Un camino sereno, sincero, le llevará, sin que se dé cuenta, a superar estos poderes que, poco a poco, irá adquiriendo. Pero no se detenga aquí, vaya más lejos, hasta donde su alma deba llegar. Las facultades paranormales que haya despertado serán la confirmación de algo que existe más allá de la materia, de la casa, del coche, del abrigo de piel... Y, como las señales puestas a lo largo del camino, le indicarán dónde está usted, cuánto falta para la meta y cuánto camino ha recorrido.

Pruebas de percepción extrasensorial

Lo paranormal no establece prácticamente ningún límite a los instrumentos empleados para verificarlo y eventualmente medirlo. Se pueden emplear todos estos instrumentos o casi todos: naipes, cartones, letras, palabras, números, dados... La parapsicología nos ha legado algunos tests especiales que, por su difusión, su simplicidad y capacidad de medir el nivel paranormal del individuo, actualmente son considerados clásicos. Se trata de los naipes Zener, las cartas del reloj y el mazo de Clauzure.

Los naipes Zener

Se trata de un mazo de cartas ideado hacia 1930 por Karl Zener, estudioso americano de la parapsicología. El mazo, formado por veinticinco cartas, está subdividido en cinco grupos, cada uno de los cuales está señalado por un determinado símbolo gráfico: cuadrado, círculo, cruz, estrella y onda. Un análisis en profundidad de estos signos revela claramente la atenta elección realizada por el creador del mazo, no ajena a aquella simbología definida como arquetípica por Jung.

■ El *cuadrado* nos remite rápidamente a una idea de regularidad y estabilidad. Es el emblema estático del orden, del dominio, de la materia.

■ El *círculo* es una figura dinámica, evocadora del Sol, del cosmos, del movimiento de los planetas, de la perfección.

■ La *cruz* sintetiza la unión de dos polaridades opuestas (cielo/tierra, hombre/mujer), que encuentran en su centro el punto de la perfecta armonía.

■ La *estrella de cinco puntas* representa una geometrización de la figura humana; es la pentalfa, el pentáculo del mago, la imagen del hombre con la cabeza vuelta hacia el cielo y los brazos tendidos para coger el mundo entero.

■ La *onda* nos propone la cambiante imagen del océano, de la marea y del líquido materno.

Los naipes Zener representan un ejercicio muy útil como preparación para el desarrollo extrasensorial y se prevén distintos usos según el experimentador esté orientado hacia el desarrollo de la clarividencia, de la telepatía, o bien de la precognición.

Naipes Zener

Las cartas del reloj

Parecido a los naipes Zener, este mazo fue ideado por G. W. Fisk para el estudio cuantitativo de los fenómenos de percepción extrasensorial. Se trata de una serie de doce cartas que representan, cada una, un reloj dividido en cuatro cuadrantes y dotado de una sola aguja que marca una de las doce horas.

Estas cartas pueden constituir una simpática variante de los naipes Zener, dado que gracias justamente a la subdivisión en cuadrantes, pueden medir incluso el grado de error.

Una respuesta exacta prevé en el cálculo de puntuación la asignación de un punto, y de medio punto para un blanco logrado sólo aproximadamente (cuadrante correcto, posición errónea). La media casual se representará por dos puntos sobre doce tentativas realizadas.

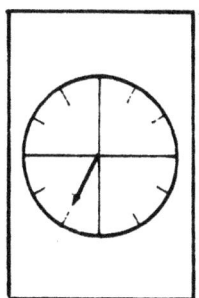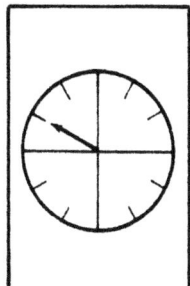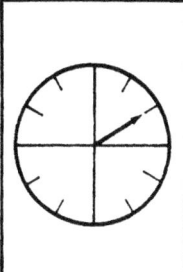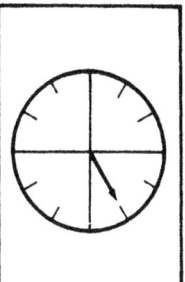

Las cartas del reloj

El mazo de Clauzure

Se trata de un mazo de cartas utilizado, en general, durante los experimentos de transmisión/recepción telepática. Se compone de series de tres cartas con una media casual que corresponde a un éxito sobre tres intentos. Las cartas de Clauzure se han definido como emocionales porque han sido ideadas a partir de los arquetipos.

 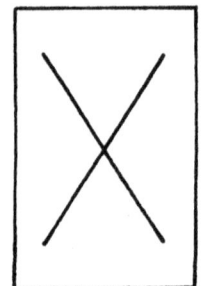 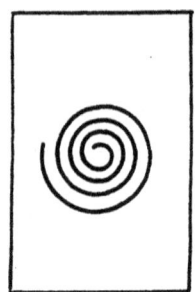

El mazo de Clauzure

■ La primera reproduce el disco solar, símbolo de la luz, el color y la vida, sobre un fondo amarillo.

■ La segunda propone, sobre un fondo rosa, cuatro segmentos girados unos hacia los otros con una significación de creatividad, dualismo y reproducción.

■ La tercera está constituida por una espiral, sobre fondo azul, símbolo del misterio, de la evolución, de la trascendencia y del carácter cíclico de la muerte y el renacimiento.

El ordenador

Hace algunos años, a partir de la generalización del uso de los ordenadores personales y del auge de la informática, los experimentos reservados en otro tiempo al ascético ambiente de los laboratorios se han popularizado. Un simple programa puede transformar el ordenador, según el capricho del experimentador, en un generador de números o de hechos casuales que permita ejercitarse y probar la propia capacidad en la intimidad del hogar, libre del estrés y de la frialdad de los laboratorios.

Cómo experimentar

La condición básica para la experimentación es el bienestar. Sin este no hay relajación y, por lo tanto, no existe lo paranormal.

Si muchas experiencias de laboratorio han fallado, la culpa no es de los arcanos ni del sensitivo, ni siquiera del experimentador; por lo general, debería recaer en el desagrado, la artificialidad de las situaciones, la sensación de sentirse observado, hasta el punto de que los canales extrasensoriales quedan obturados.

Ante todo, hay que respetar la regla del tres: buena salud, ropa cómoda y estómago vacío. Hay un buen número de pequeños detalles —como un cinturón demasiado apretado, una ropa especialmente incómoda, un dolor de cabeza débil pero pertinaz, un sentimiento de excitación o euforia o una comida excesivamente abundante, un sentimiento de fastidio debido al frío o a una necesidad fisiológica no satisfecha— que pueden captar la atención inconsciente del sensitivo e impedirle dejarse llevar. Y así, luces, ruidos y humo son enemigos del estado alfa y de lo oculto, siempre identificado con la oscuridad y el silencio.

También las interferencias mentales tienen su peso indudable. Quien asiste a un experimento debe esforzarse en no pensar en nada. Sólo personas conocidas por el sensitivo, dotadas de autocontrol mental, no excesivamente crédulas ni tampoco escépticas, pueden ser admitidas en la sesión. El sensitivo debe poder contar con la seriedad y la confianza de todos los presentes; además, es necesario que crea también en sí mismo, que no tenga miedo, que no se canse demasiado y que no se aburra. Por último, el sensitivo tratará de no cruzar ni los brazos ni las piernas, para no crear circuitos magnéticos negativos que, al obstaculizar la circulación de la energía sutil, influyan en la percepción extrasensorial y la anulen.

Además, el investigador, apoyado en una especial sutileza psicológica, debe saber comprender al sensitivo, exigirle más cuando lo sienta en onda, y dejarlo tranquilo cuando comience a equivocarse. Ha de estimularlo con preguntas inteligentes en el momento en que sea necesario, y callar y esperar, cuando sea mejor hacerlo. Debe animarlo informándole de sus éxitos, pero ha de moderar sus excesos de entusiasmo. Hay sensitivos que, frente a un fracaso, se deprimen tanto que no logran terminar la prueba, y otros que no encuentran en ella un incentivo para mejorar. Algunos estudiosos aconsejan por ello que se comunique la puntuación cada veinticinco intentos, mientras que otros dejan este aspecto a la libre elección del experimentador, en función de su sensibilidad, que necesariamente habrá de ser muy alta.

Sugerencias y prácticas para aumentar las potencialidades paranormales

Imaginémonos que podemos curiosear, sin ser vistos, durante todo un día en la vida privada de un individuo dotado de poderes paranormales. Lo espiaremos mientras se despierta, lo vigilaremos mientras come, lo acompañaremos al despacho y a pasear, confundidos entre los demás. Nuestro hombre, apasionado por el misterio, es a la vez un personaje de nuestra época. Quizá no viste a la última moda —no le interesa más que un simple y limpio anonimato—, pero si esperábamos encontrarnos con el payaso disfrazado con vestimentas orientales, nos sentiremos desilusionados. Nada de turbantes, nada de miradas hipnotizadoras o terroríficas. Se llama Pepe García o Juan López, y no le gusta esconder su propio nombre con seudónimos más exóticos.

Ya están lejos las épocas en las que quienes presumían de tener poderes ocultos llevaban una existencia ascética o comunitaria, regulada por rígidas normas (como el silencio observado por los pitagóricos) y vestían, como los templarios, con un uniforme especial.

El ocultista del siglo XXI es un hombre corriente que, por cierto, sabe menos que sus antiguos maestros.

Deseoso de establecer un buen equilibrio entre él y el mundo exterior, el sensitivo estará muy atento a sus propios hábitos, incluso a los alimentarios. Muchos textos orientales proporcionan sus consejos para el régimen en una sola e importante regla: «Comer duro, seco y crudo». Aparte del oxígeno y del nitrógeno que respiramos, además de los hidratos de carbono, los lípidos y las proteínas contenidas en el alimento que ingerimos, nosotros introducimos en nuestro organismo prana, la energía sutil que circula en el universo para nutrirnos y recargarnos.

El secreto de la buena salud física y mental, de la vida, tiene su origen en dos funciones elementales que en Occidente hemos olvidado: una respiración abdominal, lenta y profunda, y una larga y cuidadosa masticación. El alimento duro y seco obliga a una masticación correcta y una buena salivación, lo cual permite obtener prana en mayor cantidad; el alimento crudo, natural y no alterado por la de cocción conserva más tiempo las propias energías vitales y transmite directamente un alimento que traspasa lo material.

Los cereales, alimentos vivos porque contienen en sí una semilla de vida capaz de germinar después de años y años, son, entre todos los productos alimenticios, los más ricos en prana. Luego les siguen, en orden inversamente proporcional a su velocidad de putrefacción, las legumbres, la fruta y las hortalizas, la miel, la leche y sus derivados, clasificados en la India como alimentos sattwici, es decir, tan buenos para el cuerpo como para el espíritu.

La carne, en cambio, y con ella el tabaco, el alcohol, el azúcar blanco, los productos químicos y los alimentos conservados, resultan ser alimentos muertos, totalmente faltos de energía y, por tanto, potencialmente nocivos.

Sin pretender alimentarnos como lo hacen los pueblos orientales, y dentro de los límites impuestos por nuestra tradición, de todos modos resulta oportuno introducir gradualmente en la mesa el agradable gusto de los cereales integrales, de las verduras —sobre todo crudas—, de la fruta y del yogur. Todas las escuelas esotéricas han estado siempre de acuerdo, si no en eliminar totalmente la carne como en Oriente, al menos en limitar su uso. Los templarios, grandes maestros de lo oculto, la admitían no más de tres veces por semana. Hay que dar preferencia, en estos casos, al pescado o al pollo (especies más distantes del hombre, en la escala evolutiva, que la vaca o el cerdo), evitar el uso de envasados o de carnes en conserva.

La carne incrementa el grado de acidez de la sangre, mientras que las verduras aumentan la producción de ácido carbónico: una dieta vegetariana (o casi) disminuye el ritmo respiratorio, aumenta la presión de ácido carbónico en los pulmones y dilata los vasos que, de esta forma, aportan al cerebro una mayor cantidad de oxígeno. El mismo resultado se obtiene mediante técnicas respiratorias especiales que, por otra parte, son obligatorias, en todos los casos, para preparar las distintas experiencias parapsíquicas.

Nuestro ocultista ha aprendido, quizá con bastante esfuerzo, a olvidar el hábito del café o de la copa después de la comida, cuyo abuso puede conducir fácilmente a la excitación del tono nervioso, lo que, a menudo, nos hace confundir una leve alucinación con un fenómeno paranormal. Recuerde que el misterio no admite el vicio del tabaco. Sepa que si usted fuma y no puede dejarlo, no es o no será nunca un verdadero investigador, pues las potencialidades que quiere adquirir se verán reducidas por este vicio. Si continúa fumando, aun sabiendo la clase de daños que produce su mal hábito, se mostrará a sí mismo como un individuo privado de voluntad, de aquella determinación que constituye uno de los cuatro pilares del ocultismo. El médico occidental y el parapsicólogo consideran el aspecto bioquímico de la nicotina, una sustancia vasoconstrictora que, al reducir el flujo de sangre al cerebro, afecta a la plena utilización de este, a pesar de la momentánea impresión de vivacidad intelectual que otorga. El sabio oriental, más atento a los aspectos más sutiles de la realidad, considera el fumar, ante todo, como un peligro de naturaleza incorpórea: este hábito tendería a obstruir los centros superficiales de la energía sutil, los chakra, de cuya apertura depende la adquisición de poderes parapsicológicos. Al menos en este tema, tanto Oriente como Occidente, ciencia y esoterismo, siempre en permanente conflicto entre sí, encuentran un punto de acuerdo: declarar la guerra al tabaco.

Por lo demás, nuestro sensitivo, espiado sin su conocimiento, se revela como una persona como tantas otras, normal (lo que no significa banal). La serenidad y la simplicidad que deberá conquistar antes que cualquier otra cosa no son tan fáciles de conseguir como parece a simple vista. El hombre del siglo XXI se alimenta, además de con hamburguesas y patatas fritas, con preocupaciones, angustias y tensiones. Así nos lo recuerda la mesita de noche de tantas personas aparentemente tranquilas, en la cual, además del libro y el vaso de agua, ocupa un lugar especial el frasco de los ansiolíticos o de los dañinos sedantes, todos ellos testimonio de una doble vida. Sustitúyalos por la agradable manzanilla, por la dulce tila o, mejor aún, por un baño de pies tibio, seguido de un buen ejercicio de relajación. Algunas pequeñas renuncias y obligaciones, aunque mínimas, contribuyen, con una firmeza no dolorosa, a fortificarnos interiormente.

Poco a poco, con algunas privaciones, sobre todo escogidas con inteligencia, se logrará extirpar aquellos malos hábitos que no pueden considerarse beneficiosos. No es necesario mostrarse rígidos; hay que continuar concediéndose ese pequeño «vicio» cada cierto tiempo, pero hay que hacerlo conscientemente, sin llegar a ser víctima del mismo. Nuestra vida cotidiana está entretejida de hábitos buenos y malos, bellos y desagradables pero, de cualquier forma, poderosos, capaces de esclavizarnos. Librarse de ellos no es imposible, basta con saberlos transformar en elecciones, y aceptarlos o rechazarlos de vez en cuando. Porque cada vez será diferente.

Si usted quiere acceder al misterio, este se le abrirá, pero deberá trabajar bastante en sus hábitos. El café se convierte en tisana; la pereza de la mañana, en un rápido masaje cutáneo y una buena ducha tonificante; la noche aburrida en una discoteca, en un espacio privado y silencioso para cultivarse a sí mismo. Y el somnífero... en un sereno examen del día transcurrido; los segundos que preceden al sueño y al despertar, en esa feliz tierra de nadie en la cual no se duerme ni se está despierto, el reino de las ondas alfa. Son estos los momentos precisos para recordar, examinar y proyectar, porque el pensamiento es más profundo y las sensaciones, más vívidas. Un pequeño secreto para el éxito y la felicidad cotidiana: ¡no desperdicie estos instantes! Piense en sus errores y corríjalos, visualice sus deseos y deles el color de la certeza. Nunca como en estos momentos mágicos, los límites entre sueño y realidad aparecen tan débiles, casi inexistentes. La mente está en ese momento en condiciones de percibir, juzgar y crear.

Cree con su pensamiento, delante de usted, la imagen de sus esperanzas, el rostro de una persona amada, e infúndale su fuerza, su amor. Este cálido baño de amor lo arrullará y lo conducirá, a través del sueño, al gran depósito de las energías cósmicas, donde podrá reponerse para el mañana. Si se ha acostado muy tarde, además de no poder seguir los ritmos circadianos que la naturaleza nos impone dulcemente con el ciclo del Sol, correrá el riesgo de dormirse de repente, apenas tocado el lecho, y de despertarse con el ruido infernal del despertador, con lo que perderá muchas agradables y mágicas ocasiones: diez minutos sin el peso de la prisa en la mente, intocables y hechos a propósito para hacer programas, para darse ánimos y crear, con pensamientos entusiastas, el deseo de levantarse. En ellos puede recordar y decodificar los sueños para formularse un firme propósito, gozar de estos momentos alfa, que ya en la vigilia se transformarán en beta.

Esta es una manera ocultista de comenzar cada día, porque también lo oculto es lo cotidiano. Piense en cuántas ocasiones ocultas y en cuántos momentos propicios tiene durante el día para experimentar y deja pasar. Cada día usted puede ejercitar la fuerza de la mente, potenciar la videncia, al tratar de captar los ambientes, el estado íntimo de una persona, los pequeños sucesos que ocurrirán, la llegada del autobús o la llamada de un amigo.

Puede hacer ejercicios de concentración en el autobús, mientras recuerda los carteles publicitarios, o bien puede practicar el control de la respiración mientras camina, reforzar la voluntad al rechazar los cigarrillos que le ofrecen...

¡También el temido y desconfiado coloquio con el más allá puede llegar a formar parte de su propia vida! Diríjase en los momentos de dificultad a alguna persona querida que haya dejado este mundo; no la ahuyente si su imagen se hace presente en su mente, ni la tema. Envíele mensajes de serenidad; ella podrá regalarle, en una muda e íntima conversación, felices intuiciones, ánimo y coraje.

El esfuerzo físico es una prueba gradual cada vez más dura que el deportista se exige a sí mismo. Supone la voluntad de vencer la fatiga y la pereza, y todo investigador, como ya sabemos, necesita y tiene el deber de ser voluntarioso. Resulta prácticamente imposible encontrar una mente vivaz y abierta, un espíritu evolucionado y decidido, en un cuerpo enfermizo y gordo, víctima de desequilibrios alimentarios y energéticos. En el mundo de los arcanos, el equilibrio es la palabra clave, y significa «ni demasiado ni demasiado poco». Es decir, este concepto debe encontrarse en todo: en el sueño, en la vigilia, en el esfuerzo, en el reposo, en el amor, en el odio, en el trabajo, en el estudio, en el sexo... Existen escuelas esotéricas de carácter místico que practican la total abstinencia sexual: otras, en cambio, como el tantra y el taoísmo, utilizan la unión sexual como un instrumento oculto para despertar fuerzas sutiles, creadoras y vivificantes.

Si se vive el ingreso en lo oculto de una manera simple, humilde y serena, y si el fin no es el poder, sino la armonía, no hay nada que perder.

Ya ha pasado el tiempo en que quien se acercaba al misterio tenía que consagrarle toda la vida, todo su ser, sus amigos; lo que se requiere es que uno los abandone un poco, que entre un poco más en uno mismo, en busca de una mayor sintonía con lo que le circunda. Y, sobre todo, que no tenga miedo.

La preparación mental

La antigua ciencia esotérica está fundada en cuatro pilares:

— osar, es decir, no temer, no detenerse frente a lo que puede parecer horripilante sólo porque es desconocido;
— saber, porque el conocimiento, la lectura y el estudio son necesariamente propedéuticos, en cualquier ámbito, para toda tentativa de experimentación práctica;
— querer, dado que una voluntad firme es un presupuesto fundamental para un ejercicio cotidiano y constante;
— callar, porque la semilla crece en el silencio de la tierra y el niño en la quietud de la madre, lejos ambos de la mirada y de la cháchara indiscreta del mundo. Aprenda a callar, incluso si la primera experiencia lo conduce inevitablemente a exagerar la importancia de sus facultades, aunque desee hacer partícipes a los demás de aquellos hechos nuevos y extraordinarios que le están ocurriendo.

La luz y la serenidad que entrarán gradualmente en usted con la apertura del «ojo del alma» no deben quedar relegadas al breve espacio dedicado a los ejercicios cotidianos. Llévelas siempre con usted. La humildad es un don verdaderamente necesario para quien intenta emprender una búsqueda semejante; una buena norma consiste en aceptar el parecer de todos, sin decantarse por ninguno: valorarlos serena y objetivamente, discutirlos, e incluso buscarlos.

Ayude a su mente a abrirse mediante el ejercicio, para que sea más elástica. Enseñe a sus sentidos la agudeza que siempre ha dejado de lado. ¡Tenga cuidado! El deseo de lograr el éxito puede conducirle a hacer trampas consigo mismo. Ejercítese moderadamente, pero con constancia, y sepa esperar. Si no le sucede nada, significa que probablemente no está preparado y que en la actualidad haría un mal uso de los poderes.

No olvide, por último, que una condición fundamental para el correcto desarrollo de los poderes paranormales es poseer un estado de salud mental satisfactorio. Una vida equilibrada, regulada en lo posible según los ritmos universales de sueño y vigilia, y un cuerpo sano, sobriamente alimentado y en forma, ayudarán a su mente a permanecer en el estado de armoniosa serenidad que necesita.

Mens sana in corpore sano, decían los latinos. Controle su emotividad, y su cuerpo se verá muy beneficiado. Cuide su cuerpo y su mente será más equilibrada.

Existen centenares y quizá miles de cosas que se nos escapan y que debemos aprender a observar. La civilización actual ha perdido la agudeza sensorial del hombre primitivo, siempre atento a las señales del exterior. Pero basta con salir algunas horas fuera de la ciudad, en un día de ayuno, para que los sentidos se recuperen y nos restituyan emociones a las que habitualmente no hacemos demasiado caso. Debemos ejercitarnos en estimular el pensamiento lateral, el flujo de ideas y de asociaciones. Podemos hacerlo jugando, solos o en grupo, y así encontraremos entre todos una simpática alternativa a la velada solitaria en una discoteca o a la inevitable serie de banalidades que acompañan una conversación que languidece. Por ejemplo:

— tratemos de encontrar el mayor número de adjetivos posible que pueden atribuirse a una persona o a un objeto (por ejemplo: rosa roja, perfumada, espinosa, abierta, florecida, etc.);
— intentemos hablar sobre un tema específico durante tres minutos por turno, evitando utilizar una determinada palabra. Por ejemplo, se podría hacer un breve discurso sobre el perro sin mencionarlo y referirnos a él con otras expresiones;
— propongámonos encontrar un uso lógico para parejas de objetos diferentes entre sí (por ejemplo, el tenedor y la tijera; el martillo y el pasapurés; el cuchillo y el ordenador, etc.).

Ni divino ni demoniaco, lo paranormal posee una dimensión propia íntegramente humana que aún resta por explorar y que, si bien a distintos niveles, permite que nos podamos acercar a ella.

Para ello hay que ponerse cada mañana frente a un espejo, relajarse con una respiración suave y profunda y luego, fijando los ojos, captar la propia mirada reflejada en el cristal y repetirse en voz bien alta: «Mis canales sutiles se están abriendo, mi mente es perceptiva sin el auxilio de los sentidos. Estoy en armonía conmigo mismo y con todo el universo».

El ambiente

Lo llamamos *sexto sentido* porque está más allá de los otros cinco que tan bien conocemos. Un sentido extraño, misterioso, que no necesita ojos, orejas ni luz, que no se completa, no se confunde con los demás, sino que, por el contrario, necesita de la ausencia de los otros para poder llevar a buen término sus propios poderes. Se libera en los momentos más silenciosos y pensativos de la jornada, en los instantes confusos que preceden al sueño, cuando los sentidos ya liberados del ambiente se adormecen y lo paranormal encuentra con fuerza una salida.

Penumbra, luces bajas, sonidos apagados y, si es posible, una puerta y una llave que marquen la distancia entre el mundo y usted; una barrita de incienso o de sándalo cuyo perfume revitalice suavemente los centros sutiles; una vela encendida que atrape y detenga el flujo de sus pensamientos; un disco relajante a bajo volumen o bien un rumor de fondo como el que produce una cinta que gire en el vacío sobre una bobina. Por último, un sillón o una cama, y usted. No debe sentir ni demasiado frío ni calor, ni hambre, ni sed, ni sueño. No debe haber reñido con su pareja ni estar afligido por graves preocupaciones, ni ceñido por cinturones demasiado ajustados. La palabra mágica es serenidad.

Oriente la cama hacia el norte o gire el rostro hacia ese punto si está sentado. Vista con ropas cómodas, más bien amplias y, sobre todo, claras, y reserve el moderno —pero depresivo— color negro para ocasiones menos importantes. Las tradiciones mágico-esotéricas, provengan de donde provengan, desaconsejan siempre la utilización de tejidos sintéticos, poco aptos para la libre circulación de la energía sutil. Lo mismo puede decirse respecto de los anillos y adornos metálicos circulares, que tendrá que quitarse momentáneamente durante la experimentación. También los zapatos, especialmente si no son de piel, pueden actuar como una barrera para el intercambio energético espontáneo entre el individuo y el ambiente. Una última y fundamental precaución: hay que airear siempre la habitación, sobre todo si quedan restos de humo u olores a comida. La tradición oriental, especialmente severa con los fumadores, insiste en la peligrosa capacidad del humo de obstruir los centros sutiles del hombre, deteriorar su salud e inhibir para siempre su evolución interior. Por otra parte, se ha demostrado que un exceso de humedad en la atmósfera y temperaturas muy elevadas influyen negativamente en la producción de fenómenos paranormales. Sólo son necesarias una luz poco intensa, una razonable quietud y, sobre todo, una serena y afable disponibilidad de espíritu hacia todo cuanto el misterio pueda conceder.

Los lugares del ocultismo

Cuando se decide experimentar al aire libre, inconscientemente se le está dando a lo paranormal un buen porcentaje de mayores posibilidades de éxito. En la naturaleza, además de las fuerzas ya conocidas, existen otras más sutiles y a menudo desconocidas, al menos en el nivel científico, pero que poseen una enorme carga y son esenciales para la vida. Son las fuerzas telúricas y celestes entre las cuales el hombre hace de puente.

Muchos e inquietantes testimonios del pasado han convalidado esta realidad, como las pirámides egipcias, verdaderas condensadoras de fuerzas gracias a sus especiales relaciones volumétricas y angulares. De igual modo, las ciudades etruscas y romanas fueron erigidas y alineadas según las cuatro direcciones geográficas, donde algún signo del cielo o un fenómeno natural particularmente rico de significados y casi siempre teñido por el mito hubiera señalado la prosperidad del lugar y el favor divino.

Quizás, no son únicamente razones de tipo económico por las cuales las aglomeraciones urbanas encuentran su lugar preferentemente a orillas de un río o, mejor aún, entre dos cursos de agua. Los celtas y los bretones, maestros de este arte, hoy tan poco corriente, manejaban con gran seguridad la geografía esotérica; de ellos, junto a algunas leyendas y no pocas etimologías, nos quedan sólo gigantescos monumentos de piedra, los dólmenes y menhires, dispuestos según esquemas figurativos y simbólicos bien definidos, para significar y señalar una especial riqueza, un vértice de fuerzas en una naturaleza de fábula. Hoy la parapsicología nos enseña que casi todas las catedrales, los santuarios, los sitios donde a menudo suceden ciertos fenómenos de magia colectiva, los llamados milagros, se establecen en puntos cargados de abundantes fuerzas sutiles y magnéticas, a causa de las poderosas corrientes subterráneas que los recorren y que en ellos se entrecruzan.

Un lugar magnético es aquel donde puede suceder de todo; la actividad mental, potenciada, vivifica aquellos canales, utiliza las zonas oscuras de nuestro cerebro, esenciales para que se produzcan las manifestaciones extrasensoriales: telepatía, clarividencia, precognición, comunicación con lo invisible, mediumnidad, psicoquinesis. Todas ellas parecen expandirse en esta atmósfera mágica capaz de originarlas y de alimentarlas.

Desgraciadamente, el hombre contemporáneo no es dado a erigir por sí mismo templos iniciáticos o santuarios destinados a su uso personal.

Pero para quien tenga el coraje de caminar algunas horas y si, verdaderamente está decidido a llegar al conocimiento con valentía, existen lugares tranquilos donde se puede experimentar lejos de miradas y voces indiscretas.

Efectivamente, no basta con que el lugar elegido sea apartado o esté invadido por una vegetación libre y no alterada, ni tampoco con que alrededor suyo haya plantas con brotes en las que apoyarse para absorber sus energías vitales, ni que un terreno amable y bien dispuesto acoja su pie desnudo de modo que favorezca el intercambio necesario entre energías telúricas y celestes. Ni tampoco que cerca de usted fluya o se remanse una cierta cantidad de agua viva que, al ionizar negativamente el aire, ejercite un influjo beneficioso sobre sus facultades mentales y le proporcione una mayor capacidad de atención y un feliz bienestar. A su disposición tiene dos sistemas para no equivocarse:

■ La deducción (basada en algunas nociones elementales de botánica): si encuentra, en efecto, una vegetación de tipo acuático que crece lejos de las orillas de un río, un arroyo o un lago, no crea que se halla ante un capricho de la naturaleza. El agua está, aunque no se vea;

■ La búsqueda radiestésica: cuando su péndulo modifique la amplitud de su oscilación o invierta el sentido de esta, cuando la horquilla del zahorí se dé la vuelta repentinamente entre sus manos, significará que usted ha encontrado una zona cargada.

Así, habrá encontrado por fin el sitio que había estado buscando, el santuario sin techo ni paredes al que podrá volver en los días propicios. Lo hará por la mañana, al alba o al atardecer, cuando el sol le revitalice con sus beneficiosos rayos ultravioletas; o bien, si tiene tiempo y coraje, durante las mágicas y sugestivas horas de la noche, pero nunca debe hacerlo al mediodía.

El momento más apropiado

Entre las numerosas objeciones que pueden efectuarse a las pruebas de laboratorio para comprobar los fenómenos paranormales, está el hecho de que, a diferencia de los fenómenos físicos —siempre exactamente reproducibles en las mismas condiciones—, lo paranormal huye de las leyes de la repetición, pues está sujeto a múltiples factores.

El grado de empatía que existe entre los sujetos de la experimentación, el estado de bienestar o de relajación, la motivación inconsciente que apunta al éxito, la fe en lo paranormal y en las propias capacidades..., todo esto puede condicionar la realización de un experimento e, incluso, anularlo. El factor tiempo, no menos importante, es determinante en la práctica mágica y adivinatoria y, si bien a menudo se deja de lado en la parapsicología científica, influye en la receptividad de los sujetos.

El inmenso y eterno reloj de que disponemos, el cielo, nos señala, mediante las manecillas de estrellas y planetas, el tiempo justo para el inicio y el fin de cada cosa.

También la ciencia, que se ha mostrado siempre tan dura frente al fenómeno de los arcanos, en la actualidad ha comenzado a admitir la realidad de la influencia que tiene la Luna en las mareas y en la germinación de las semillas, en los embarazos y en la estabilidad psíquica de los sujetos más emotivos. Algunas de las recientes investigaciones que se han llevado a cabo sobre los porcentajes de casos de suicidio registrados durante el plenilunio han demostrado de qué manera nuestro satélite, arquetipo de la feminidad y de la germinación, de la emotividad y de las aguas, representa un factor determinante en la marcha de la esfera psíquica. El plenilunio es el momento de máxima expansión de la emotividad, de las fuerzas sutiles latentes, de la sensitividad y de la mediumnidad.

Además, se deben preferir los plenilunios de diciembre-enero, abril-mayo y agosto-septiembre, cuando se verifica la presencia de la Luna en los signos de agua, su elemento natural.

El miedo y los falsos fenómenos

Sabio es el que, por encima de todo, teme su propio temor. Efectivamente, nada puede obstaculizar, frenar e, incluso, destruir más que el mismo miedo.

¿Cuántos no han temblado, aunque sea un poco, alguna vez ante la puerta del cartomántico o del adivino, es decir (siempre que no se tratara de un charlatán), frente a la puerta del propio futuro? Pero la posibilidad, quizás un poco cobarde y, por ello mismo, atrayente, de escapar por la escalera de incendios y desaparecer en la calle antes de que se abra la puerta no cabe cuando el vidente es uno mismo. ¿Cómo huir en este caso? Es, por cierto, cuestión de un minuto. El tiempo de cerrar los ojos y saltar el foso; ahora uno está del otro lado, libre de seguir avanzando, mientras que nuestro miedo nos mira impotente desde la otra orilla. Cuando tenemos temor, nadie más que nosotros mismos puede consolarnos o hacernos compañía. Las exhortaciones de los demás, en nuestra inmensa irracionalidad, nos parecen irrazonables.

Todos los puentes que nos unen con la realidad se cortan. Se llega así a crear una situación psicopatológica, una especie de semilocura, que reproduce, a pequeña escala, el aislamiento típico de ciertas formas de psicosis. Incluso el cuerpo padece fuertemente los efectos destructivos del miedo: temblores, sofocones, sudores, debilidad y contracciones son algunos de los síntomas más comunes y menos graves. «Morirse de miedo» no es sólo una expresión de chanza.

Los animales, las plantas y los poderes paranormales

Los animales

Durante mucho tiempo, el hombre ha creído que era el único que disfrutaba de este mundo. Sin embargo, las innumerables historias de perros y gatos que, extraviados o abandonados, han sabido encontrar inexplicablemente el camino de su casa, abonan la hipótesis de la percepción extrasensorial por parte de los animales. Lo mismo puede afirmarse en el caso de las aves migratorias que, guiadas por un poderoso instinto, se encuentran como en una mágica cita en el mismo lugar que abandonaron el otoño anterior; algo semejante sucede con los insectos, que regulan el ritmo de su existencia por un espíritu de colmena, donde nada se deja al azar y todo ocurre en la trama de sutiles imperativos.

Una vez abierto el camino, han sido muchos los parapsicólogos que han dirigido su investigación hacia los maravillosos misterios del mundo animal: caballos capaces de resolver operaciones matemáticas, perros que pueden adivinar los naipes Zener, conejos tan sensitivos como para percibir la muerte de sus pequeños ocurrida a gran distancia...

La historia de lo paranormal nos ofrece decenas de casos interesantes, relatos cómicos y a veces trágicos, pero siempre misteriosos, vividos e interpretados por nuestros amigos de cuatro o de dos patas.

Entre los caballos de Eberfeld, *Hans el sabio* (el nombre le fue puesto a propósito), conocía los colores, las notas musicales, los nombres de las personas que lo cuidaban y las reglas más simples de cálculo matemático. *Ralf* extrajo una raíz cúbica simple, golpeando con los cascos los resultados.

La caniche Peg sabía componer palabras y frases breves disponiendo con la boca las letras del alfabeto estampadas expresamente en cartones plastificados. Mizzie, ladrando un determinado número de veces, podía expresar la edad de los niños y la suma de dinero que la gente llevaba consigo; mediante el mismo sistema logró predecir la fecha de la muerte de un hombre.

Las plantas

Aun cuando pueda parecer extraño, la sensibilidad no se detiene en las etapas más evolucionadas del mundo animal. Interesantes experimentos de laboratorio, algunos de los cuales pueden repetirse incluso en casa, han demostrado que no sólo los animales menos evolucionados, sino incluso las plantas, las algas y todos los microorganismos poseen una sensibilidad propia frente a los estímulos ambientales. Si usted está en posesión de la llamada *mano verde* —la habilidad para hacer crecer las plantas—, será consciente del hecho de que algunas plantas de interior o de jardín demuestran con un crecimiento más rápido y más vigoroso que saben apreciar el afecto y la atención que se les brinda. Por el contrario, en condiciones de peligro, el vegetal tiende a utilizar mecanismos de defensa.

Siguiendo los pasos de Vasse, posiblemente el primero que realizó experimentos con plantas, Franklin Boher, de Los Ángeles, demostró cómo la plegaria o la maldición colectiva, cuya acción es comparable a una gran forma-pensamiento común, puede determinar la vida o la muerte del vegetal. Existe, por tanto, un intercambio entre las células vegetales y el sistema nervioso humano.

Las escuelas occidentales

Las técnicas expuestas en este apartado son todas occidentales, por lo cual pueden resultar más accesibles y de más fácil ejecución. Occidente, mucho más joven que Oriente y, por ello, más pobre en espiritualidad y misterio, ha extraído preciosas enseñanzas de los escritos de los antiguos hindúes, de los monjes zen y de los sufíes. *Ex oriente lux*, sentenciaban los antiguos refiriéndose no sólo a la luz del sol.

El hombre occidental tiene ritmos y esquemas de vida muy diferentes del oriental y, por ello, muy pocos aprecian y siguen estas prácticas. Al trasladarlas a Occidente, las técnicas orientales se han reorientado y modificado a nuestra medida, de modo que, al estar más próximas a nuestra estructura mental, poco a poco se han hecho más aceptables y más accesibles para nosotros.

La hipnosis

Hipnotizar significa conducir al individuo hacia un estado particular de conciencia, distinto del sueño y de la vigilia, pero no por ello anómalo, mediante unas técnicas especiales llamadas inductivas.

El estado hipnótico, así como el sueño, elimina las barreras de la conciencia. El inconsciente está así libre y puede dejar aflorar sus secretos y relanzar a los inconscientes individuales de los demás seres al único gran mar del inconsciente colectivo. Representa uno de los medios más apropiados para la consecución del estado alfa, necesario para que se manifieste lo paranormal. Además, la hipnosis presenta dos ventajas adicionales: la posibilidad de situar positivamente al sujeto frente a la percepción extrasensorial, al eliminar miedos y rechazos, e inducirlo, con la sugestión del trabajo posthipnótico, a mantener su grado paranormal inalterado durante la vigilia.

La hipnosis ha dado óptimos resultados en la cura de algunas psicopatologías; también puede sustituir a la anestesia e inhibir vicios, como el alcoholismo, el tabaco y la droga. Puede ser utilizada para hacer regresar al sujeto al momento de la vida prenatal.

Pero no todo el mundo se revela igualmente hipnotizable. Hay sujetos que se dejan hipnotizar por completo y otros que son decididamente refractarios. La sugestionabilidad parece ser mayor en los sujetos muy jóvenes y, a menudo, decrece con el paso de los años. También la habilidad del experimentador desempeña un papel importante en el éxito del experimento.

He aquí algunas sugerencias para aumentar el estado hipnótico:

■ *Primer ejercicio.* Échese cómodamente en un sillón, mientras sostiene un lápiz entre los dedos pulgar e índice. Mírelo fijamente, evitando parpadear, y repítase mentalmente: «Ahora lo dejo caer». La efectiva caída del objeto marcará su ingreso en un ligero estado hipnótico.

■ *Segundo ejercicio.* Siéntese cómodamente, con un brazo apoyado en equilibrio sobre el apoyabrazos del sillón, y cierre los ojos. Imagine que una pesa tira de su brazo hacia abajo, cada vez más. Esto inducirá en usted un estado de relajamiento tan profundo que anulará el hecho de mantener el brazo en equilibrio y este caerá suavemente hasta pender al costado del sillón.

El entrenamiento autógeno

En cierto modo, el entrenamiento autógeno es hijo de la autohipnosis, codificado en 1908 por J. H. Schulz. Este se basa en la inducción consciente de un estado de relajación, de una sensación de calma y bienestar.

Acuéstese con los ojos cerrados en una habitación en penumbra, y repítase mentalmente «Estoy perfectamente calmado y estirado», hasta que una tibia sensación de bienestar invada como una ola todo su cuerpo. Ahora deberá dirigir la atención hacia el latido de su corazón, similar a un reloj, para escucharlo mientras piensa: «Mi corazón late con calma y regularidad».

Ahora se ocupará de la respiración, esforzándose siempre, a través de inducciones mentales, en hacerla más profunda y regular, de un modo gradual. El ejercicio puede resultar más fácil si visualiza el romper de las olas en la orilla y su posterior retirada, con un ritmo que marque el tiempo de la inspiración y de la espiración.

Por último, intentará centrar su atención en una sensación de agradable frescor en su frente, obtenida gracias a la imaginaria caricia de la brisa o por el contacto, igualmente irreal, con flores u hojas.

Las placas de Calligaris

El neuropatólogo G. Calligaris estudió durante más de 25 años las relaciones que median entre la superficie del cuerpo, las reacciones cerebrales y los órganos internos, las cuales presentan determinadas e innegables analogías con la teoría de los meridianos chinos. De la misma forma que la acupuntura china trata afecciones, mediante la estimulación de determinados puntos de la superficie corporal, Calligaris actuaba sobre determinados puntos cutáneos por medio del frío o de una leve corriente eléctrica.

«Sobre nuestro cuerpo —aclara el científico— está proyectado todo el mundo de nuestro subconsciente.» La estimulación ligera (o carga) de ciertas zonas, como líneas, puntos, campos o placas, lo despierta, y hace que de él emerjan a la conciencia algunos fragmentos. Los distintos lugares de la Tierra, las estrellas y los planetas se identifican con el uso convencional de meridianos y paralelos; algunos, oportunamente estimulados, pueden expresar las facultades paranormales escondidas en ciertas personas y hacer perceptibles cosas que normalmente se escapan a los sentidos.

El sistema Ganzfield

La práctica de la concentración yóguica presupone el aprendizaje del control de los sentidos. A partir de este principio, el parapsicólogo Honorton planteó la hipótesis siguiente: si se apagan los cinco sentidos físicos, se acentúa el sexto, es decir, la percepción extrasensorial. Así, puso a punto un nuevo sistema de experimentación que denominó Ganzfield, o sea, *campo uniforme*, dirigido a debilitar al máximo todas las señales externas con el fin de adormecer la vigilancia y potenciar, en cambio, las energías del inconsciente.

El sensitivo debe echarse en una habitación bien aireada e insonorizada o, si no, muy tranquila. A la penumbra es mejor una luz naranja o roja, la frecuencia más apropiada al estado alfa. Con este fin, sobre los ojos del sujeto se colocan dos mitades de pelotitas de ping-pong, rellenas de algodón, y que la luz llegue como un resplandor rojizo y uniforme.

La técnica del Ganzfield prevé la utilización del llamado *rumor blanco*, un sonido articulado parejamente sobre todas las frecuencias del espectro. Aislado de cualquier estímulo sensorial, auditivo, acústico, táctil u olfativo y, en consecuencia, inclinado hacia una interiorización de la sensibilidad, el sujeto está preparado para ser sometido a todo tipo de test parapsicológicos: pruebas de telepatía, clarividencia, precognición, psicometría, telequinesis, etc.

El sistema Biofeedback

Sistema de control y, a la vez, de autodesarrollo de poderes paranormales, el biofeedback prevé utilizar costosos instrumentos electromédicos, poco accesibles fuera de un laboratorio o un centro especializado. Conectado a un aparato como el electroencefalógrafo, que mide la frecuencia de las ondas cerebrales, o el pletismógrafo, que registra el aumento del volumen de un órgano fruto de la dilatación de los vasos, un sensitivo en situación de relajación aprende gradualmente a reconocer, gracias a la máquina, las reacciones fisiológicas, que indican la obtención del estado alfa.

El sujeto acompaña conscientemente el proceso hasta el momento en que explota ese algo que enciende la percepción extrasensorial. Siguiendo el procedimiento etapa por etapa, y después de un aprendizaje más o menos prolongado, el sensitivo llega a moverse con una cierta familiaridad en el terreno del estado alfágeno, hasta separarse del instrumento electromédico, que entonces le resulta inútil porque lo ha interiorizado.

El sensitivo dotado de su propio bagaje de conocimientos está preparado para afrontar solo el camino que conduce más allá de los sentidos, por encima de lo tangible y de lo manifiesto.

Las escuelas orientales

En nuestro siglo se ha producido una progresiva apertura hacia Oriente que, después de milenios de silencio, ha permitido que Occidente escrute en sus inmensos tesoros espirituales. En Oriente, la riqueza del corazón convive con la pobreza del cuerpo, algo que ni siquiera el hombre occidental más abierto es capaz de comprender. Una antigua sabiduría que invade todas las cosas y un anhelo de trascendencia que se expresa tanto en la plegaria como en la lucha o en la danza son elementos que están tan alejados de nuestros esquemas mentales que nos resultan muy difíciles de comprender.

El yoga

El yoga es una filosofía, una doctrina religiosa, una terapia y una ciencia. Es una gimnasia, una ley, una quimera o todo ello a la vez. Es decir, es un modo de vida, una elección, un camino que conduce el alma hacia la liberación del ciclo de la existencia para que, por fin, desvinculada de la materia, de los pensamientos, de los deseos y de las ilusiones (maya) de esta tierra, pueda reunirse con el espíritu universal (brahman).

Yoga deriva del sánscrito yuj, que significa «unir», «atar»; en efecto, une a lo divino, atando y refrenando el cuerpo por medio de la mente, y la mente a través del espíritu. La vía yóguica comprende y controla múltiples aspectos de la existencia; es un sistema integral que abarca todo: alimentación, higiene, preceptos, prohibiciones, posiciones, respiración, oración, control mental, filosofía, etc. Esto es el yoga, además de longevidad, equilibrio, salud y conocimiento. Pero es un conocimiento muy distinto de lo que entendemos en Occidente, donde se conoce mediante los sentidos, la mente, el aprendizaje y la deducción. El yoga, en cambio, lo hace con el corazón.

La vía yóguica aporta a su practicante innumerables beneficios: el control del cuerpo y de las energías vitales, el desarrollo y el dominio de la mente, la apertura de los canales extrasensoriales, la prevención y la cura de las enfermedades. De esta forma, tenemos: hatha yoga o yoga del físico; raja yoga o yoga real; karma yoga o yoga de la acción; bhakti yoga o yoga del amor divino; jnana yoga o yoga de la conciencia; tantra yoga o yoga del sexo.

Mediante una vida dulce y severa, metódica, pero exenta de esfuerzos excesivos, el yogui alcanza la liberación (*moksha*). Ocho son los estadios que debe atravesar, los grados que debe escalar para alcanzar la meta:

— *Yama*: prohibiciones, frenos que erradican los males más comunes, la violencia, la mentira, el robo, la lujuria, la posesión.
— *Nyama*: preceptos, buenos hábitos que eliminan toda forma de sufrimiento: pureza interior y exterior, estudio de los textos sagrados, meditación, austeridad, capacidad de conformarse.
— *Asana*: práctica de la postura que mantiene el cuerpo esbelto y vigoroso, estimula algunas de sus partes y funciones habitualmente poco usadas; favorece la circulación de la energía sutil y proporciona el equilibrio más estable y cómodo que se pueda mantener sin cansancio ni pensamientos durante la meditación. *Asana* significa «permanecer durante mucho tiempo inmóvil sin esfuerzo».
— *Pranayama*: control de las tres fases de la respiración: inspiración, retención, espiración.
— *Pratyahara*: purificación e interiorización de los sentidos retirados de sus objetos y transformados en pura conciencia.
— *Dharana*: concentración que calma los saltos de la mente y obliga a fijar la atención en un único objeto.
— *Dhyana*: contemplación, es decir, mantenimiento de la forma constante del pensamiento sobre un objeto, hasta que se llega a la clara comprensión de toda su esencia.
— *Samadhi*: identificación con el otro, con Dios. La puerta está abierta; el alma se pierde en el universo.

Pranayama
Ahora podrá aprender algunas de las técnicas yóguicas de respiración. Puede comenzar con un tiempo de inspiración de una duración de dos segundos, una retención de ocho, una espiración de cuatro y una retención en el vacío de medio segundo. La cuenta de los segundos puede realizarla repitiendo la sílaba *aum* (pronunciada *om*): cada repetición equivale a un segundo.

La retención de la respiración provoca al comienzo una sensación de pesadez en la cabeza, pero después de algunos días se desvanece y le sucede una sensación de bienestar y de facilidad de concentración.

La respiración refrescante: shitali
Se trata de un tipo de respiración especial que, según el *Shiva Samhita*, el texto sagrado del yoga, si se practica día y noche, nos libra de todo mal, aumenta la capacidad de clarividencia y clariaudiencia, y la percepción de lo astral. Se realiza al aspirar el aire con la lengua, llenar la capacidad abdominal, mantener el aliento y, por último, espirar a través de la nariz. Para ello se hará asomar la lengua entre los labios alrededor de un dedo, con objeto de darle, según los textos, la forma del «pico de un cuervo». Se aspira fuertemente cerrando la nariz con el pulgar y el índice. Se cierra también la boca durante toda la fase de retención y se abren enseguida las fosas nasales para permitir la espiración, muy lenta, a través de ellas. Comience con cinco o diez ciclos respiratorios y auméntelos gradualmente. Practíquela mañana y noche, cuando el clima no sea demasiado frío.

Mantra
El mantra yoga es una particular escuela yóguica que conduce a la liberación a través de la repetición de algunas formas rítmicas: los mantras. Poseen una índole muy diversa, cuya formulación conduce a distintos resultados: curación de enfermedades, desarrollo de un determinado chakra y adquisición de ciertos poderes... Los vínculos del mantra con la fórmula mágica occidental y con la plegaria son indudables y estrechos, pues el poder intrínseco de todas estas vocalizaciones está siempre fundado en el sonido y en la vibración. La palabra es potencia. El mantra se compone generalmente de sílabas simbólicas, vinculadas a significados sagrados y estrechamente conec-

tados con la iniciación y con las condiciones personales de quien lo emplea. La continua pronunciación del mismo permite alcanzar más deprisa el estado alfa, favorece el surgimiento de la energía astral y conduce sin esfuerzo a la adquisición de poderes parapsicológicos.

Escoja un lugar tranquilo, silencioso, donde nadie le moleste, para la práctica del mantra. Siéntese en la posición que usted considere más cómoda y trate de controlar adecuadamente la respiración. Cierre los ojos y comience a repetirlo. Podrá realizarlo en voz alta, cantando, susurrando o únicamente repitiéndolo con la mente; la primera forma le resultará quizá la más fácil, pero la última es, sin duda alguna, la más eficaz. Nubes de pensamientos parásitos vendrán entonces a distraer su atención. Déjelos correr y no trate de detenerlos ni modificarlos. Concéntrese en la fórmula que está repitiendo. Poco a poco, esta se hará tan grande como para llenarlo, para contenerlo excluyendo de usted todo el resto. Su cerebro llegará entonces a ese particular estado de conciencia que le permite trascender la realidad, pero manteniéndola presente.

Deberá repetir este ejercicio al menos una vez al día en ayunas, durante quince o veinte minutos. Sólo una práctica repetida y continuada podrá vencer la impresión inicial de no poder concentrarse, de perder el mantra o, peor, de no poder estarse quieto. Con una buena práctica, los minutos destinados a la meditación, al principio tan pesados, transcurrirán veloces sin que nada le desanime, y acabará buscándolos usted mismo. Aquí puede observar algunos ejemplos de mantra:

— *Aham sah* («yo soy aquel);
— *Om nahama Sahivaya* («Om, honor a Shiva»);
— *Aum* («Ommm»), el mantra universal por excelencia. Representa la obediencia incondicional a Dios.

El Tao

El Tao es la doctrina de la síntesis de los opuestos. Enseña a encontrar la sabiduría en lo aparentemente estúpido, la fuerza en la debilidad, el bien en el mal.

Toda la filosofía del ritmo de la vida, la sucesión de los ciclos y de las cosas, está encerrada en las cinco mil palabras del libro de Lao Tzé. Todo el universo se apoya sobre el equilibrio del principio activo, el yang, y del principio femenino pasivo, el yin. El uno sin el otro están incompletos; la perfección reside en la fusión. El yin es el principio negativo que se manifiesta en la Tierra, en la oscuridad, en la Luna, en el frío, en la mujer; el yang es positivo, se manifiesta en la luz, en el cielo, en la actividad del hombre. Yin y yang actúan continuamente el uno sobre el otro y constituyen la esencia misma de todo, el continuo devenir de las cosas.

El libro del cambio, el *I Ching*, confirma cómo la interacción del yin y del yang se realiza dentro del espíritu vital que invade todo el universo. Esta energía, parte de la energía cósmica, presente en una mínima parte en el ser humano, fluye durante el acto sexual de uno a otro miembro de la pareja y reproduce las secuencias cósmicas del tiempo y de las estaciones.

El zen

Como el yoga y como el Tao, el zen es un camino de liberación del alma. Sus orígenes se pierden en el taoísmo y en el budismo, si bien la influencia china es la más fuerte. En el siglo XII se establece en Japón, donde posteriormente florecen las escuelas más famosas. La doctrina zen retoma conceptos típicamente orientales: anulación, abandono en el espíritu universal, pérdida del yo... Por consiguiente, también el zen, la trascendencia de la barrera del yo, de la conciencia y la racionalidad conduce al estado «divino» de supraconciencia, de extrema lucidez separada de la materia, del espacio y del tiempo. La práctica del zen, a diferencia de la yóguica, no requiere el aprendizaje de muchas posturas, gestos ni técnicas respiratorias. Aparentemente es más simple, pero su gran dificultad reside en el nivel de las ideas, que resultan casi imposibles de aceptar para un espíritu occidental. En esta corriente de pensamiento de tradición oral, no existen textos sagrados a los cuales recurrir y con los que se pueda estudiar.

El zen es inmovilidad, indiferencia, silencio, abandono y «nada».

La práctica del zen necesita tiempo; un maestro y la ausencia de toda meta contingente.

Técnicas básicas

La respiración

La respiración está vinculada al concepto mismo de la vida. Un hombre en buen estado de salud efectúa alrededor de 24000 ciclos respiratorios al día. Mediante esta actividad se introducen en el organismo no sólo oxígeno y distintos gases, sino, según las previsoras teorías orientales, también prana, la etérea energía cósmica, la misma que, irradiada a través de las manos de los sanadores, infunde energía vital y combate la enfermedad.

En Occidente se respira mal, a golpes; durante mucho tiempo hemos limitado la respiración a frecuencias y modalidades heredadas. Observemos a un lactante; su abdomen sube y baja de manera regular, rítmica y natural. Pero la ansiedad, la falta de comodidad debida a las ropas ajustadas y los malos hábitos llevan gradualmente al adulto a perder su capacidad y lo conducen a una respiración apurada, superficial y, sobre todo en la mujer, torácica. De esto se pasa a una mala oxigenación de la sangre y, luego, a una sensible disminución de las funciones cerebrales. Se muestran, entonces, carencias en la capacidad de concentración y estudio, una pobreza de energías que incide en cualquier tentativa de experimentar con lo oculto.

Con este simple consejo, con una respiración correcta, habrá obtenido su primera victoria: el control de la mente sobre el soma (cuerpo) y viceversa. Se trata de una experiencia de autodominio indispensable para afrontar, sanos y seguros, una búsqueda en el plano de lo paranormal.

Los hindúes han hecho del control de la respiración, que señalan con el término *pranayama*, uno de los ocho pasos de la escala yóguica hacia la unión con lo absoluto.

Para practicar el pranayama, siempre que se encuentre bien de salud, deberá sentarse con el busto recto, en un sitio aireado y tranquilo, escogiendo un momento entre las comidas, y deberá concentrar toda su atención en el acto respiratorio. Póngase una mano sobre el abdomen, a la altura del ombligo, y la otra sobre el pecho, de forma que pueda controlar efectivamente la inspiración del aire en la cavidad abdominal y en la torácica. Inspire suavemente a través de la nariz, cuente mentalmente hasta cuatro y trate de empujar el aire lo más abajo posible; hinche primero la zona abdominal y luego también la torácica. Contenga la respiración durante cuatro segundos y espire lentamente siempre a través de la nariz, y cuente ahora hasta ocho. Esta es la fase más difícil. Se verá tentado de abreviar este estadio acelerando la cadencia numérica, o bien podrá suceder, por el contrario, que se encuentre sin aire para expeler antes de haber terminado de contar. Una vez expulsado todo el aire, cuente nuevamente hasta cuatro antes de inspirar otra vez.

Tenga cuidado de no exagerar la intensidad ni la duración, porque ello podría acarrearle algunos malestares como migraña, vértigos, vista nublada, etc. La respiración debe ser un acto natural, como sucede en los niños y los animales. El ciclo respiratorio de un yogui puede implicar tiempos larguísimos y técnicas diversas; para nosotros, esforzados occidentales, entre diez y veinte ciclos a este ritmo son más que suficientes. Este ejercicio poco a poco se automatizará y usted logrará respirar correctamente casi sin pensar en ello.

Un desarrollo posterior de esta técnica está representado por la respiración lunisolar o de fosas alternas. La disposición general no varía: lo que cambia es la utilización de una sola fosa nasal en vez de las dos en la fase inspiratoria, y de la fosa opuesta en la fase espiratoria, comprimiendo la no empleada con un dedo.

Inspire, por lo tanto, suavemente a través de la fosa izquierda, manteniendo cerrada la derecha con el pulgar derecho; cierre ahora con el dedo índice de la misma mano la fosa que había dejado libre, y así realizará la fase de retención. En este momento, para pasar a la última fase respiratoria, libere la derecha, manteniendo cerrada la izquierda, y espire lentamente. Los tiempos de ejecución de los tres estadios son los mismos que se indican para el ejercicio anterior. Con la práctica y el adiestramiento, podrá luego modificar la cuenta mental duplicando e, incluso, triplicando, los tiempos.

La concentración

La concentración es el arte de aislarse de las influencias externas con el objetivo de fijar la atención sobre algo, ya sea una persona o un objeto, para evitar que la mente divague. Se escogerán, pues, entre las muchas ideas que pueblan caóticamente nuestra mente, sólo aquellas ligadas o en algún modo referentes al objeto elegido previamente, de modo que se tenga de él una visión lo más clara y completa posible. La concentración no implica un esfuerzo excesivo, tensión ni rabia, sino que es el resultado de la atención, de la perseverancia y del dominio de uno mismo: la primera fija el espíritu sobre el objeto deseado; la segunda mantiene firme la atención, y el tercero impide que el pensamiento se aleje fluctuando aquí y allá.

Si quiere ejercitarse, puede concentrarse en un objeto cualquiera (por ejemplo, una flor o un lápiz), tratando de eliminar todos los pensamientos no vinculados con él. Intente percibirlo por entero, en su exterior y en su interior, como si estuviera aislado del ambiente que lo circunda. Analice colores, formas, consistencia, sabores, sustancia, separando poco a poco sus atributos más internos, sus funciones, su historia, la situación y los recuerdos que pueda despertar en usted. Este ejercicio mejora la capacidad de ideación, confiere agudeza y aumenta la capacidad de atención.

Diviértase con este insólito pasatiempo que, más útil que un crucigrama, podrá aligerar una aburrida espera o un largo y solitario viaje. Concentre su atención en los objetos y, sobre todo, en las personas de su entorno, tratando de comprender, a través de una minuciosa observación, incluso su lado más oscuro.

Cualquier momento de soledad es apropiado para el que intenta seguir el camino de la concentración interior; todos los maestros espirituales y los grandes ocultistas han dedicado parte de su existencia a conversar en silencio consigo mismos. Imítelos aislándose; dedique unos pocos instantes de su preciado tiempo a su propia voz interior, y regálese de tanto en tanto un paseo por el campo, con el silencio como compañía. Pruebe a hacer lo mismo, si los ruidos y el estrépito de la ciudad le oprimen, tapándose los conductos auditivos mediante tapones de cera o, más sencillamente, con los dedos, y de esa forma podrá llegar a escuchar aquello que la nueva situación le envía.

El zen, antigua filosofía japonesa que atiende a la realización del yo a través de técnicas especiales, utiliza un práctico ejercicio de concentración, el koan, propuesto por el maestro al discípulo. Se trata, por lo general, de dilemas aparentemente irresolubles por medio de la razón, a cuya solución se llega sólo a través de los sutiles canales de la concentración mental, apoyados también en una rigurosa preparación física. Deje que la práctica del koan se deslice entre sus buenos hábitos, al concentrarse en su problemática psicológica, en sus dilemas cotidianos o en los porqués metafísicos que antes o después todos nos planteamos en nuestro camino. Esto le llevará, además de a la resolución de un problema aparentemente inaccesible, a una indudable potenciación de su conciencia y de sus dotes de investigador del plano astral.

La meditación

Meditar significa ponerse en contacto con los planos superiores del ser, anular pensamiento, espacio, tiempo, perder los límites del yo al confundirse con el todo, trascender la condición de individuo y de hombre. Es fácil darse cuenta de cuán indisciplinado e inestable es el pensamiento, si se intenta simplemente suspender la actividad pensante durante algunos segundos. ¡Resulta imposible! Miles de pensamientos efímeros se asoman en el espacio libre dejado por la mente: se adhieren allí como parásitos, y juegan como si estuvieran en un insoportable carrusel. Busque un sitio tranquilo donde nadie, al menos durante media hora, venga a molestarle. Relájese y controle la respiración; encienda luego una vela y póngala delante de usted a la altura de los ojos, a una distancia de, aproximadamente, 3-4 cm. Siéntese cómodamente con la espalda recta y mire fijamente la llama, mientras trata de crear un vacío mental. Gradualmente, al ir perdiendo el contacto con la realidad circundante, los pensamientos se harán menos densos y menos urgentes. Una sensación de agradable ligereza psíquica y de torpeza física le invadirá, que desembocará en una situación de incorporeidad y de aguda conciencia.

Otras técnicas de meditación prefieren el uso del mantra, esa palabra o serie de palabras dotadas de particulares significados mágico-religiosos, repetidas muchas veces, hasta perderse en ellas. La magia del sonido ininterrumpido, como un rumor interno, refrena la mente racional, lo que permite al yo dar el gran salto. Entre la infinita variedad de mantras adoptados por las distintas escuelas orientales, muchos de los cuales son individuales y secretos, el universalmente aceptado «Om», símbolo de armonía cósmica, parece el más simple. Este es el mantra específico del llamado *tercer ojo*, el cual se cuenta entre los siete chakras del esoterismo hindú, situado en el entrecejo que corresponde a la glándula pineal y que se relaciona con el cerebro y las funciones mentales. Para pronunciar correctamente el Om, es necesario inspirar profundamente, almacenar una buena cantidad de aire y luego espirar lentamente para dejar salir una O muy larga, seguida de una M nasal, que debe mantenerse mientras nos quede aliento. Realice su meditación al alba o al atardecer, porque en estos momentos del día, en los cuales las energías cósmicas son más agudas, existen sobre la Tierra muchas personas unidas por la misma experiencia.

La visualización

Visualizar significa ver algo o a alguien con los ojos de la mente. El artista y el científico se valen de la visualización como instrumento de creación de sus obras. Se trata de una técnica que puede facilitar la concentración, pero que depende en gran medida de la práctica constante de la misma. En efecto, conlleva la necesidad de realizar una selección de los propios pensamientos, inmovilizarlos y mantener fija la atención, durante un buen rato, sobre una imagen construida por la mente. Creatividad y dominio mental son, por lo tanto, los ingredientes mínimamente indispensables de la visualización, que ya es, en sí misma, una realización efectiva.

Para facilitar la experiencia, trate de imaginar una pantalla blanca o negra sobre la cual efectuar sus proyectos mentales. Estos, al principio, se limitarán a reproducir figuras geométricas simples, como cuadrados, círculos, triángulos, negros sobre fondo blanco, o blancos sobre fondo negro. Luego comience a utilizar el color (generalmente el más indicado es el rojo) y, a medida que se haga más experto, vaya sustituyendo la geometría por números, letras del alfabeto, objetos y personas, y esfuércese por visualizarlos hasta en sus mínimos detalles, a fin de que la experiencia sea realmente valiosa.

Obtendrá de esa forma vitalidad, serenidad y seguridad, con lo que evitará que se produzcan efectos negativos sobre su psique o en su vida.

La relajación

La relajación es algo de lo que se habla a menudo, pero que muy difícilmente se consigue realizar con propiedad. Supone, en efecto, la absoluta eliminación de cualquier contracción muscular, y de cualquier tensión del cuerpo y de la mente, un objetivo casi inalcanzable para el ansioso y agitado temperamento occidental.

La mañana, cuando apenas se haya despertado y el sueño haya calmado el nerviosismo del día anterior y esos pequeños dolores fruto de una vida demasiado sedentaria, es el momento ideal para ejercitarse.

Acuéstese en posición supina sobre una superficie dura, pero cómoda, con las palmas de la mano vueltas hacia arriba. No deberá sentir ni demasiado calor ni demasiado frío, y tampoco tendrá que (por lo menos, al principio) padecer ninguna enfermedad dolorosa ni estar atormentado por ninguna necesidad fisiológica. Trate de imaginar, comenzando desde la punta de los pies hasta lo más alto de la cabeza, cada nervio, cada músculo. Contraiga con fuerza cada parte de su cuerpo, partiendo del pie izquierdo y continuando luego hacia arriba, y a continuación relájela. Usted se sentirá bien, los pensamientos fluirán suavemente, correrán sin que usted trate de detenerlos. Se sentirá en calma, sereno, y su cuerpo se hará pesado como si se hundiera. Déjelo ir... Termine el ejercicio de relajación moviéndose lentamente y estirándose como los gatos, todo lo que pueda.

Póngase en pie y comience su jornada del modo habitual; durante el día se verá acompañado por un sorprendente estado de calma y buen humor que le permitirá superar cualquier pequeña contrariedad o fatiga.

La proyección de la voluntad

La época actual, dominada por el consumismo, parece haber borrado por completo el genuino placer del deseo. Pero para aprender nuevamente a desear, es necesario saber esperar. La espera mata el capricho del momento a la par que agranda el verdadero deseo, el profundo, al que transforma poco a poco en determinación.

Para acceder a la parte activa y mágica de lo oculto es necesario, ante todo, saber decir «quiero». Saber decirlo con la voz y con la mente, con el corazón y con cada fibra de nuestro ser; de esa forma, «quiero» se transformará en «puedo».

También la dimensión yin, receptora del misterio, la que pertenece al mundo de lo extrasensorial, necesita nuestra total volición. Se trata de una poderosa arma de la cual debe hacerse un uso absolutamente racional. Se puede utilizar a medida que uno se hace más fuerte, para armonizar mejor la existencia. Proyecte su determinación sobre los pequeños obstáculos que salpican la vida cotidiana; el examen que deberá hacer mañana, la migraña que le atormenta, el enemigo al que nunca puede vencer en combate. Protéjase y proteja a sus seres queridos con un invisible escudo de amor cuando camine en medio de la multitud, salga de viaje o en los momentos difíciles de la existencia.

Trate de influir sobre el tiempo atmosférico, el mal humor de su pareja o la agitación de sus inquietos hijos. Vincúlese mentalmente con quien está sentado delante de usted mirándolo fijamente en la nuca y ordénele que se dé la vuelta o que se rasque la cabeza, pero mantenga siempre este ejercicio dentro de los límites del juego inocuo. «Quiero» es una bella expresión que nunca debe transformarse en la grave y negativa frase «Harás siempre lo que yo quiera, aunque sea en contra de tu voluntad».

El refuerzo del yo

Es bien sabido que las personas más sabias, las más fuertes interiormente y, por tanto, más aptas para las experiencias ocultistas, son aquellas que más dolores han padecido.

Si, a pesar de aspirar a la práctica de lo paranormal, usted jamás ha sido tocado por el dolor, deberá robustecer su espíritu por otros medios. La renuncia voluntaria a cualquier tentación inquietante, como bien sabían los ascetas y santos del desierto, templa íntimamente al individuo y le otorga un espíritu de acero. El yoga enseña a conseguir la integridad interior, a controlar las propias emociones, los actos, los pensamientos, las palabras e incluso las funciones corporales y la fisiología de órganos. Todo esto, traducido al pensamiento occidental, puede ser unificado bajo una sola palabra: moderación. Aprender a contener los pensamientos y deseos en un mundo que nos bombardea permanentemente con sus eslóganes, con su publicidad, con sus rumores, no es un hecho simple. Paradójicamente, el monje solitario en busca del control del yo en la cima de la montaña, abrigado con una sola manta y alimentado con una escudilla de arroz, sufre en una escala menor que el intrépido pionero de la autodisciplina y de la renuncia que se encuentra inmerso en el caos occidental.

Renuncie al chocolate, al regalito que quería hacerse, al insulto que tiene en la punta de la lengua o a los tacos que emplea continuamente y sin sentido en su conversación. Oblíguese a levantarse a las siete, incluso en domingo; inscríbase en un gimnasio donde se practiquen yoga y artes marciales. La disciplinada lucha contra un adversario, por más invencible que pueda parecernos, representa ante todo una lucha con uno mismo, la obligación de estar atentos y vigilantes, de ser veloces y precisos. Pero si la violencia, aunque sea sólo deportiva, le causa horror, póngase un chándal y salga a hacer *footing*. Corra todo lo que pueda y, cuando sienta que ha llegado a su límite, esfuércese todavía unos minutos antes de claudicar.

En Extremo Oriente rige una regla que a nosotros nos parece absolutamente masoquista: «Haz aquello que menos nos gusta». Indudablemente, las cosas que más nos atraen resultan siempre bien, pero son las que menos nos agradan las que requieren un esfuerzo mayor, las que más fortifican nuestro espíritu. Trate de enfrentarse a lo que teme o a lo que menos le gusta, invítelo a formar parte, durante algunos segundos, de su vida. Si siente horror por los hospitales, vaya a visitar a un pariente enfermo; si detesta encerar el suelo, regálese cada tarde un suelo reluciente gracias a su trabajo personal; si tiene miedo a la oscuridad, nada mejor que diez interminables minutos de completa oscuridad para afrontarla y aprenderla a conocer.

La clarividencia: la visión sutil

Videncia, lucidez, clarividencia, metagnomia (más allá de la conciencia), telestesia (sensación lejana), criptestesia (sensibilidad escondida)... son términos que hacen referencia a un mismo fenómeno: la percepción extrasensorial.

El término *clarividencia* significa «visión clara», y si bien no es totalmente exacto, se continúa utilizando. Para comprender estos fenómenos tan asombrosos, conviene introducir un concepto poco conocido pero muy controvertido: el cuerpo astral. Según las principales teorías ocultistas, el cuerpo está constituido por los «cuerpos» y el alma. ¿Conoce las pequeñas muñecas rusas que tienen en su interior otra igual, pero de menor tamaño, las *matrioshkas*? Nuestro cuerpo, al que llamamos habitualmente *cuerpo físico* y que perece cuando morimos, no es nada más que una envoltura interna, rodeada de otro cuerpo formado por átomos más ligeros, llamados *etéreos*, que se encuentra contenido, a su vez, en el interior de un cuerpo astral aún menos pesado; este último se encuentra dentro del cuerpo mental, el más delgado de los cuatro. Ninguno de estos cuerpos es inmortal, pero antes de que se disuelvan por completo subsisten durante un tiempo bastante largo, en otra dimensión y en un estado de vibración; esto explica las comunicaciones espirituales con los difuntos. Además de los cuerpos que componen la personalidad, el ser humano posee un alma inmortal que los ilumina. El cuerpo astral se encuentra ligado al cuerpo físico por una especie de cinta, conocida como *cordón de plata*, que proporciona la posibilidad, gracias a unas técnicas especiales que pueden practicarse en estado de trance o de sueño, de salir y desplazarse muy lejos, a gran velocidad, sin tener en cuenta las leyes físicas de la materia, y volver después al cuerpo físico.

Ejercicios para el desarrollo de la clarividencia

Ejercicios de visualización

Ante todo, intente visualizar. Haga todo lo que esté en sus manos, dele una forma determinada a sus pensamientos; proyéctelos sobre la pantalla de su mente en una imagen cada vez más nítida y precisa, e intente fijarse en sus detalles más pequeños.

La deliciosa ocupación llamada «soñar con los ojos abiertos», tan querida en la infancia y la adolescencia, representa algo más que una mágica evasión en los momentos grises de aburrimiento; es un precioso ejercicio preparatorio de clarividencia.

La imaginación y la fantasía nos preparan, en efecto, para la creación de imágenes mentales y la visión percibida sin la intervención del correspondiente órgano de los sentidos: los ojos.

Creados y evocados por medio de imágenes, los sueños, los recuerdos, se mostrarán más vívidos, casi reales.

Las técnicas más eficaces y simples, exentas de todo engranaje ritual y, por lo tanto, enteramente centradas en el pensamiento, recomiendan la sencilla y repetida práctica de la visualización de los propios deseos. La mente, apoyada por la potencia de la imaginación, es el precioso y minúsculo instrumento de creación del que se sirven el mago, el chamán y el yogui para poder materializar objetos.

¿Qué se puede visualizar?

No hay ninguna razón para complicarse en la elección a realizar: puede tratarse del rostro de la persona amada, la vestimenta de quien le habla por teléfono o la actividad que está llevando a cabo en un determinado momento un ser querido que está ausente.

La confirmación (a posteriori, por supuesto) de la veracidad de su visión por parte de la persona en la cual usted se haya concentrado o, mejor aún, la realización del deseo largamente visualizado, le proporcionarán la exacta dimensión de su capacidad de proyectar imágenes sobre la pantalla de su mente.

Ejercicios para la percepción de imágenes

El libro cerrado

Coja un libro que no haya leído nunca, ni siquiera hojeado, porque el inconsciente, gran devorador de informaciones subliminales, gracias a su increíble capacidad de almacenar y de restituir luego a su debido tiempo incluso los detalles más insignificantes, podría darnos gato por liebre, es decir, simples recuerdos por auténtica clarividencia. El número de la página sobre la cual practicar el ejercicio deberá ser elegido al azar. Acostado o cómodamente sentado, con el libro entre las manos, se relajará al máximo y se concentrará durante algunos instantes en su ritmo respiratorio. Puede encender sus dotes clarividentes, si se repite mentalmente una autoinducción del tipo: «Veo frente a mí el libro, lo abro en la página número X; ahora comienzo a distinguir las líneas, las letras, lo percibo cada vez más nítidamente, logro leer».

Notará que una gran mancha blanca comienza a formarse en su pantalla mental, que se estructura poco a poco como una imagen cada vez más rectangular: la página. Señales al principio confusas, luego más marcadas y decodificables, se irán constituyendo lentamente sobre el fondo blanco.

Esta es la fase más delicada del experimento: pensamientos parásitos, palabras creadas directamente por la mente deseosa de éxito pueden interferir y llevarlo por el camino erróneo. La seguridad de haber dado en el blanco, como en toda experimentación parapsicológica, provendrá únicamente de un mecanismo interior, de la sensación de que un dispositivo invisible se ha disparado automáticamente, lo que hace que todo el engranaje funcione correctamente.

El sobre cerrado

Elija, o mejor, haga que alguien escoja cuatro dibujos estilizados, o bien cuatro reproducciones de cuadros, cuatro palabras, cuatro números o cualquier imagen que se preste al ejercicio. Tenga presente que es esencial que las imágenes elegidas sean simples, claras, agradables y bastante distintas las unas de las otras a fin de no confundirlas. Con ellas deberá componer una serie de veinte blancos en la cual cada imagen se repita cinco veces. Introduzca cada una de ellas en un sobre blanco.

Mezcle cuidadosamente los sobres y luego numérelos del uno al veinte. El blanco será elegido al azar. Antes de comenzar el experimento, el sensitivo podrá ver con atención las copias de las cuatro imágenes que componen la serie. Luego, al tomar entre sus manos el sobre correspondiente al número extraído, se concentrará intensamente en este. A continuación anotará en un papel el número del sobre, y a su lado el correspondiente a la imagen que se supone que ha percibido, y así deberá continuar hasta terminar la serie. La probabilidad en este ejercicio consiste en cinco blancos logrados sobre veinte, límite para que la puntuación sea significativa.

Hombre o mujer

Se trata de un ejercicio muy simple para el desarrollo de la clarividencia, que prevé el uso de fotografías de personas, conocidas o no, recortadas de revistas o periódicos. Se preparan veinte imágenes, diez con individuos del sexo masculino y diez del sexo femenino; cada una de ellas se introducirá en un sobre blanco, y los veinte sobres, obviamente todos idénticos, se mezclarán con cuidado, y luego se numerarán progresivamente del 1 al 20.

Los naipes Zener

Prepare una tira de papel en la que dibujará, uno al lado del otro, los cinco símbolos de los naipes Zener. Mezcle bien el mazo y, en un estado de total relajación, trate de determinar el valor de cada carta, al ponerla delante del dibujo que supone que la representa. Al terminar el experimento, cuente el número de círculos que se encuentran delante del símbolo del círculo, cuántas cruces delante del de la cruz, y así sucesivamente, hasta terminar todas las cartas. Recuerde que la media casual está representada por cinco aciertos sobre veinticinco intentos.

La precognición

Estamos acostumbrados, en nuestra limitación humana, a considerar el pasado detrás de nosotros y el futuro delante. Pero el tiempo no es nada, y nosotros no somos nada frente al tiempo.

Se puede percibir un acontecimiento transcurrido en el pasado viviéndolo como presente, y exactamente como presente nos aparece el futuro en el acto precognitivo. Precognición es, por lo tanto, la percepción extrasensorial proyectada en el tiempo, complementaria al fenómeno de la retrocognición, o bien la facultad de conocer los sucesos antes de su realización en la realidad o, en el caso de lugares o personas, antes de percibirlas directamente con los sentidos físicos. Algunas veces, entre el fenómeno precognitivo y la verificación del hecho transcurren meses, incluso años, pero con mayor frecuencia el intervalo es corto: algunos minutos, pocas horas, un día.

La precognición se manifiesta de diferentes formas, distintas para cada persona sensitiva. Puede tratarse, más comúnmente, de sueños, pero también de visiones percibidas en estado de vigilia, de voces interiores, sensaciones correspondientes a una serie infinita de contenidos, de los hechos más dramáticos a las cosas más banales.

Pero el reino indiscutible de la precognición continúa siendo el de las artes adivinatorias. Cartas y estrellas, símbolos oníricos y bolas de cristal constituyen el apoyo, la muleta que sostiene las previsiones, incapaces de manifestarse de otra forma.

Generalmente se distinguen los fenómenos precognitivos espontáneos y voluntarios propios de los del sensitivo profesional que prevé respondiendo a lo solicitado por el consultante. Este tipo de precognición también puede ser efectuada por personas serias, no interesadas en obtener beneficios.

La tarea del sensitivo profesional se ensancha hasta captar lo que el consultante puede soportar, modulando, pero sin cambiar la esencia, una verdad demasiado cruda.

Ejercicios para el desarrollo de la precognición

El arte de la precognición está casi totalmente dominado por el de la adivinación. Pese a que pueda presentarse espontáneamente, bajo la forma de intuición, visión o sueño, se ha articulado en el curso de los siglos en docenas de diversas especializaciones, apoyándose en múltiples sistemas, cálculos y objetos.

Cada sensitivo tiene su propio ritual y sus pequeñas manías. Hay quien trabaja en la oscuridad, quien prefiere la luz, el que precisa la bola de cristal y el que se conforma con una botella llena de agua; aquel que en la oscilación del péndulo lee un sí y quien, en cambio, interpreta un no. No falta quien prefiere los posos de café, las cartas o el espejo.

En un ambiente que huele casi a anarquía, no existen reglas fijas, ni leyes. La mente conoce, percibe, a través de sus propios sistemas, los propios rituales personales, que cada uno se va construyendo poco a poco y va perfeccionando con la experiencia. Sugerencias muy válidas para una persona se muestran totalmente inútiles para otra; consejos que hoy pueden considerarse sin ningún uso, serán preciosos mañana.

Con los naipes Zener

Exactamente tal como se ha indicado para las dos barajas, el sensitivo debe disponer las cartas del primer mazo, ya sea mirándolas o bien (más difícil todavía) manteniéndolas giradas, en el orden en que se prevé que se encuentran las del segundo mazo después de haber sido cortadas y barajadas.

En caso de que el sensitivo pueda mirar las cartas a medida que las vaya disponiendo, las probabilidades de éxito debidas al azar se expresan en una relación de uno sobre cinco (o sea, cinco en el mazo completo).

En el caso de que se utilicen para el ejercicio sólo cartas tapadas, la media casual desciende sensiblemente. Tendrá, en efecto, una sola posibilidad sobre veinticinco de colocar la carta exacta en el lugar donde se encuentre la carta gemela del segundo mazo.

Prever el futuro inmediato de una persona
Siéntese frente a la persona que se preste gentilmente a hacer de conejillo de Indias. Levante con ella los dos las manos, y luego júntelas de forma que las palmas de uno se apoyen contra las del otro. Deberán permanecer durante algunos minutos con los ojos cerrados; luego, colocará su mano izquierda sobre la frente del otro. Percibirá con la vista sutil un suceso que afectará el inmediato futuro de su consultante.

La predicción del futuro

A una adivinación institucionalizada, sacerdotal, atenta a las manifestaciones de lo sagrado en el movimiento de las copas de los árboles, en el furor de las vírgenes poseídas, en las vísceras de los animales sacrificados y en el vuelo de los pájaros, en el rayo y en el humo, en las piedras preciosas del Ephod y en la voz de la Esfinge, se van entrecruzando y las van sustituyendo, con el tiempo, las adivinaciones mágicas de tipo popular, tan próximas a las supersticiones, que se amalgaman con ellas. Una adivinación no oficial, siempre viva aunque oculta, practicada en privado para huir de la mirada pérfida del inquisidor.

Esta adivinación se basa en simples objetos cotidianos: el aceite y la sal, el pan, el plomo, la harina y la cera; la aguja, la cebolla, la araña, el gallo. Sistemas simples, casi ingenuos, al alcance de la campesina, del labrador; otros más complejos, estructurados y fundados en el arquetipo y en el simbolismo de números y estrellas en el refugio del ocultista, del cultivador de lo invisible; y he aquí las cartas, la lectura de la mano, la geomancia, etc.

Adivinar constituye un sueño, una obsesión común en todos los lugares y en todos los tiempos. Una posibilidad regalada al hombre, pero fecundada por la semilla de la duda: «¿Por qué escrutar el mañana?».

Si, en efecto, el futuro puede ser previsto, significa que este existe ya, que nuestra vida está predeterminada y para nada sirven, en tal caso, el libre albedrío y las responsabilidades morales de los hombres. O bien, según otros, el futuro no es una certeza, sino una posibilidad; es la meta última que el hombre puede alcanzar siguiendo diversos caminos y que depende de su propia elección. ¿Es útil y justo conocer el futuro? Junto a la mayoría de la humanidad que adivina, ha adivinado y adivinará se puede responder sinceramente «sí». Sí, porque si el hombre tiene la posibilidad de cambiar su destino, no debe rechazarla. Además, si esta libertad no nos es concedida, gozaremos por lo menos del beneficio de poder prepararnos para las alegrías o los dolores venideros. Serenamente, sin la cobardía que hace esconder la cabeza bajo el ala, el que sabe lo que le espera puede elegir conscientemente, reforzar su propio barco ante la tempestad o atender a otras provechosas ocupaciones, porque nada se ha de temer.

De la adivinación nace la esperanza de que, junto a la actitud justa, más en consonancia con la situación —activa o defensiva, granítica o elástica, combativa o resignada, de acuerdo con las necesidades—, el hombre puede estar algo más seguro de sí mismo y ser un poco más feliz.

Pero los sucesos, si están correctamente previstos, se deben verificar de forma automática, con independencia del hecho de que el directamente interesado los conozca y que, por lo tanto, pueda influir en ellos de manera psíquica.

Símbolos, signos, arquetipos que lo llevan dulcemente a aquel estado de conciencia particular, el alfa, en que tiene lugar un golpe, un clic. En ese momento, una sensitividad que en otros instantes estaba adormecida, basándose en las cartas o las líneas de la mano, en las imágenes oníricas o en los posos del café, prorrumpe y estalla en una precognición que, sin estos apoyos, jamás hubiera tenido lugar.

Pero la precognición espontánea, libre de apoyos, resulta muy difícil de obtener en estado de vigilia. ¿Por qué, por lo tanto, no concederse un tarot, una bola de cristal, una botella transparente llena de agua, una taza de té no lavada o un dibujo hecho a mano?

El tarot

En los últimos años ha surgido (o mejor dicho, ha resurgido, después de unos doscientos años) un frenesí insólito: la que podríamos llamar «tarotmanía». Tarots en las revistas, en los quioscos, en los estancos, etc.

Definir esotéricamente el tarot no resulta una tarea difícil: se trata de unas cartas que llevan imágenes más o menos coloreadas, más o menos artísticas, transmitidas por la tradición o firmadas por buenos dibujantes.

Veintidós láminas mayores —arcanos, triunfos o *atouts*— y cincuenta y seis menores, que en nada difieren de las de la vulgar baraja española, salvo la presencia de la reina (es decir, una figura más entre el caballo y el rey). Cartas de origen desconocido, nacidas tal vez en Italia, en Francia, España o Alemania, que son probablemente hijas, en lo que concierne a los arcanos mayores, de los naibi (unas imágenes didácticas destinadas a instruir a los niños respecto a las condiciones de la vida, las musas, las ciencias, las virtudes y los planetas); hermanas o primas de los éxitos y fracasos, para lo cual están los arcanos menores (del as al diez, más las figuras: el rey, la reina, el caballero y la sota).

Pero desde cualquier punto de vista que se observe, el tarot aparece, antes que nada, como un alfabeto, como un lenguaje secreto, una totalidad condensada en unas pocas imágenes establecidas. La totalidad del universo y del hado, la figura del arquetipo alcanza la sensibilidad del adivino y el corazón del consultante. Elementos paganos y cristianos, bíblicos y mitológicos.

Estas figuras y la cábala, la alquimia, la astrología y la magia conviven y se concentran en los setenta y ocho naipes coloreados; están las figuras alegóricas del Mago, de la Rueda, y del Ahorcado (de aspecto exquisitamente medieval), el Emperador y el Papa (indiscutibles dominadores de la escena política de la época), la Templanza, la Fuerza, la Justicia, los cuerpos celestes (el Sol, la Luna, las Estrellas). Hay un Eros alegremente pagano, pronto a disparar sus flechas entre las nubes, junto a un Juicio Universal totalmente bíblico y una Torre que, claramente, alude a la de Babel. Está el Diablo, con sus cuerpos y su cetro, y se encuentran los símbolos de los cuatro evangelistas, el león, el toro, el ángel y el águila, representados en el arcano del Mundo. Todo exquisitamente mezclado con el simbolismo de los colores (los siete colores del arco iris), formas geométricas, elementos de alquimia e instrumentos mágicos.

Un montón de signos crípticos, diversamente asociados, suficientes para trazar, en sus líneas más esenciales y profundas, la historia del mundo que es, en el fondo, la historia de cada hombre. Quizás es este uno de los motivos, o tal vez el único, por el que el tarot, más allá de la habilidad del cartomántico, de las probabilidades y de la casualidad, funciona. Habla a través de símbolos muy íntimamente unidos a nosotros, infinitesimales fragmentos que forman parte del ser humano: los arquetipos, los grumos de energía en torno a la cual se construyen las creencias y la personalidad de cada uno, de la familia, de la tribu, del pueblo y, en definitiva, de toda la humanidad.

La cartomancia es una forma de precognición, clarividencia y retrocognición, es decir, un sistema que a través de asociaciones simbólicas llega a revelar y definir el presente, el pasado y el futuro del consultante.

La oniromancia

Resulta imposible no estar de acuerdo con el inventor del psicoanálisis sobre el hecho de que el sueño representa un desahogo del subconsciente, el afloramiento de los deseos, sentimientos, hechos y recuerdos que, almacenados y sacados a la luz gracias a cualquier contenido residual, se han vivido durante el día.

En la zona subconsciente de la psique conviven, junto a los restos arqueológicos de la existencia individual, fragmentos de comunicaciones con el más allá, de percepciones extrasensoriales, de fenómenos de clarividencia o precognitivos.

El subconsciente individual se encuentra en mutua relación con el inconsciente colectivo, del que toma muchísimos contenidos. El sueño es la puerta a través de la que lo paranormal y la conciencia entran más fácilmente en contacto.

Lectura de posos de café

La adivinación por los posos del café es una práctica antigua, nacida en el siglo XVII, grotesca incluso, pero válida, pues ofrece imágenes confusas, extrañas y estilizadas, en las que el sensitivo se apoya para llegar al estado de conciencia más apropiado para permitirle la adivinación.

Conscientes de la función exclusivamente auxiliar de este sistema, no nos ha de extrañar que el futuro elija aparecer en una taza sucia en lugar de en una baraja o en un péndulo.

También una técnica no científica y popular, si está acompañada de una buena sensibilidad y de la capacidad de entrar fácilmente en el estado alfa, puede revelarse como excepcional. El procedimiento puede ser sencillísimo: la única dificultad auténtica consiste en dejarse ir.

El soporte de la adivinación por los posos del café se prepara mezclando estos últimos, casi secos, con un poco de agua y calentándolos hasta obtener un compuesto homogéneo. Los posos se echan en un plato blanco, se les dan unos ligeros golpecitos, para que el conjunto lo recubra completamente y se dejan reposar un rato; por último, se cuela todo el líquido. Los múltiples y fantásticos signos trazados por los residuos de café proporcionan la trama simbólica sobre la que hay que concentrarse y construir la predicción.

Se traza una línea horizontal imaginaria que divide el plato en dos semicírculos, porque en la parte inferior se concentran las figuras más importantes.

Si se desea sólo una respuesta afirmativa o negativa a la pregunta, se elige como forma convencional un signo común: un triángulo, un círculo. Si este aparece en la mitad inferior del plato, por debajo de la línea irreal que la tradición conoce como el *nivel de los justos*, la respuesta es afirmativa, si se halla en la mitad superior, negativa.

Una práctica alternativa de la adivinación a través de los posos del café puede obtenerse preparando café a la turca, es decir, hirviendo en agua durante algunos segundos café molido muy fino. A la tercera ebullición se vierte en una taza y se bebe en silencio, mientras se piensa en la situación por la que se consulta; luego se echan los posos en el fondo de un plato y se procede como se ha explicado anteriormente. Los símbolos pueden interpretarse como se indica en la tabla de la página 75.

La cristalomancia

Accesorio por excelencia del mago y de la bruja en el imaginario popular, la bola de cristal es usada por numerosos ocultistas. A través de su contemplación, los sensitivos abandonan poco a poco la atención consciente y se

FIGURAS MÁS COMUNES EN LA ADIVINACIÓN POR POSOS DE CAFÉ

Figuras	Significado
Araña	Secretos
Árbol	Buena salud
Ave	Presagio feliz
Caballo	Ayuda
Círculo	Dinero
Cruces (tres)	Grandes honores
Cuadrado	Problemas, un hurto rápido
Escalera	Progresos
Espada	Complicaciones en la vida profesional y privada
Estrellas	Éxito
Flores	Honores
Flores (cuatro)	Rápida fortuna
Frutas	Ambiciones realizadas
Gato	Traición
Hombre	Huésped inesperado
Iglesia	Protección
Línea ondulada (una)	Futuro cambiante
Línea recta (una)	Vida larga y serena
Luna	Romanticismo, nuevos proyectos
Llave	Misterios aclarados
Mariposa	Falsos amigos
Montaña	Empresa coronada por el éxito
Nave	Viajes
Niño	Novedades
Nubes	Complicaciones
Oso	Desgracia
Perro	Fidelidad
Puente	Obstáculos superados
Puntos	Viajes
Rosa (una)	Salud excelente
Sombrero	Honores, felicidad matrimonial
Triángulo (uno)	Nueva esperanza

sumergen en un estado de entorpecimiento que activa el fenómeno de videncia.

El cristal es un material puro y transparente. La bola es mágica, porque es piedra lunar y, por lo tanto, de videncia y de sueño. Pero también puede ser sustituida por una copa o una botella, de cristal o de vidrio transparente, llena de límpida agua de fuente. La bola, como una pequeña luna cristalina, no ama la luz cruda, solar; el ambiente donde se consulte será, por lo tanto, tranquilo, iluminado con luz difusa, nocturno.

Habrá que mirar la bola no en su superficie ni detrás de ella, sino dentro, directamente a su corazón. Continúe observándola, durante 5 o 10 minutos, pero deténgase en cuanto aprecie algún trastorno. Los ojos pueden lagrimear, la cabeza puede darle vueltas y, si no está en ayunas por lo menos desde hace algunas horas, sentirá náuseas y trastornos en el estómago. En ese caso, posponga momentáneamente esta experiencia.

Usted y su bola deben encontrarse bien juntos, sin miedos y sin dolor. Sólo entonces un humo que gradualmente la vaya llenando, empañándola, será el signo de la visión incipiente. Pero ¡cuidado! La adivinación por medio de la bola no es una técnica fácil y, por lo general, exige una sensibilidad ya bien adiestrada, unida a un sólido sentido de la realidad. En efecto, se ha de evitar el hacer aparecer en el cristal lo que se quiere ver. Deje que hable la bola, porque ella tiene un lenguaje universal, arquetípico y llano, entretejido con símbolos y figuras.

Al principio, el vapor que aparece en el globo debe ser cuidadosamente contemplado; puede manifestarse como una serie de sombras que suben, bajan y ruedan con un movimiento que jamás es decidido, constante, pero casi siempre es fluido, inesperado, insospechable.

Las indicaciones difieren netamente según la orientación de los movimientos dentro de la bola:

— movimientos descendentes: dificultades en los proyectos del consultante;
— movimientos ascendentes: éxito;
— movimientos de derecha a izquierda: indicaciones inherentes al ámbito sentimental y espiritual;
— movimiento de izquierda a derecha: indicaciones respecto a los intereses materiales y financieros del consultante.

El color
Si las volutas de humo son negras, el presagio es infausto; el blanco es signo de buenos auspicios; el verde y el azul son favorables a los negocios.

LAS FIGURAS MÁS COMUNES EN LA CRISTALOMANCIA

Figuras	Significado
Ahorcado	Muerte
Águila	Potencia
Araña	Tristeza amorosa
Árbol	Mejoras en el campo profesional
Boca	Maledicencia, mentiras
Bolsa	Herencia, ganancias
Buey	Triunfo en las adversidades
Caballo	Ingratitud
Cama	Enfermedad
Candelabro	Suerte grande y duradera
Círculo	Nacimiento
Cordero	Bienestar
Cruz	Dolor, enfermedad
Elefante	Nacimiento, suerte
Flores	Fiesta, alegría
Gallina	Una chismosa
Gato	Traición
Golondrinas	Regreso de una persona amada
Jarrón	Aproximación del amor
León	Valor
Navaja de afeitar	¡Cuidado!
Ojo	Aclaración de un proceso
Paraguas	Protector influyente
Pierna	Pasión erótica
Ratón	Ruina
Serpiente	Grandes peligros
Trébol	Ganancias, victorias

Las imágenes más frecuentes
El secreto de una buena lectura de la bola está ligado a la capacidad para captar las imágenes, antes de tener tiempo de volver a pensar o de olvidarlas. En el cuadro de la pág. 77 se cita el significado de las principales figuras. Conserve su bola en un saquito violeta o plateado, perfumado con uno de los aromas gratos a la Luna (por ejemplo, alcanfor o lirio de Florencia). Debe evitar que nadie la toque, aunque sea en broma, y procurar que ni la miren. Consúltela únicamente por un motivo importante, preferentemente el viernes o el sábado alrededor de la medianoche, tal como indica la tradición desde hace muchos siglos.

Adivinaciones menores

Ceromancia
Se trata de la adivinación por medio de la cera. Funda cera de abeja y viértala con cuidado en un recipiente lleno de agua fría, de forma que se extienda uniformemente, para componer múltiples imágenes, que se han de interpretar como las de la adivinación por los posos del café.

Encromancia
Se trata de la adivinación a través de la tinta. Procúrese una hoja blanca, no excesivamente porosa, y escriba en la parte superior la pregunta. Unte la pluma en la tinta y efectúe trece salpicaduras sucesivas. Doble la hoja en dos, para que cada mancha tenga una correspondiente, simétrica, y subdivídala en tres franjas horizontales.
Obtendrá así seis sectores, respectivamente, de abajo hacia arriba; a la izquierda, suerte, sentimientos, pensamientos; a la derecha, pasado, presente y futuro. La interpretación emplea los mismos símbolos de la adivinación por los posos del café.

Ooscopia
Se trata de la adivinación mediante la clara de huevo. Coloque en fila, en una mesa, tres copas altas y, preferiblemente, estrechas, y vierta en cada una de ellas una clara de huevo y un pellizco de sal.

Transcurridas veinticuatro horas, interprete, comenzando por la copa de la izquierda, las imágenes que se han formado por medio de los símbolos que ya se han descrito en la adivinación por los posos del café.

Utilización de la precognición onírica

Este experimento, tan antiguo como el mundo, puede ser realizado como un simple ejercicio dirigido a potenciar las propias dotes paranormales o como una inducción hecha por el sueño con fines precognoscitivos.

Relájese a fondo, y centre su pensamiento en la información que desee obtener oníricamente.

Lo importante es que la mente racional no intente extraer conclusiones de los elementos reales de que pueda disponer. Lo paranormal no se vale de la lógica, no viaja sobre las vías de la necesidad; precisamente por esto, al seguirlas, podría inducir a engaño. Déjese ir; lo único que debe esperar de usted mismo es dormir y soñar. Soñar, una espléndida actividad capaz de llevar lejos hasta el individuo más tenazmente ligado a la vida cotidiana que lo mantiene prisionero.

En general, sin embargo, el sueño precognitivo presenta unos caracteres perfectamente individualizables:

— ante todo, permanece vivo más tiempo en la memoria, con referencia a hechos muy claros, a lugares y personas, todo identificable;
— en segundo lugar, es reconocido por la mente como algo absolutamente diverso y muy importante respecto a los contenidos oníricos habituales, con frecuencia confusos y desenfocados.

De todas formas, coloque bajo la almohada un cartoncito que lleve la fecha sobre la que pretenda construir el sueño, y concéntrese en ella; formule la inducción más adecuada e inicie la relajación, de acuerdo con las técnicas habituales, que le llevarán dulcemente a perderse en el sueño.

Recuerde, naturalmente, anotar, al despertar, el más mínimo detalle del sueño hecho en correspondencia a la fecha en que se ha verificado, y la de la establecida para la previsión.

Utilización de la telepatía onírica

A veces es difícil darse cuenta de lo ardua que es la comunicación interpersonal; muchas veces, es casi imposible: rémoras, miedos, una imagen que defender y por la que luchar, nos impiden manifestar la parte más auténtica del yo, la más vulnerable, pero también la más preciosa. Sin embargo, hay muchas ocasiones en las que lamentamos esta armadura, esa puerta desconocida que debemos abrir. Aquí interviene la telepatía, la comunicación sutil que trasciende las palabras, las frases a menudo falsas que querrían decir otra cosa. Libre del miedo y de las barreras corre sobre un invisible hilo de telégrafo, sobre la vibración armoniosa de dos personas distintas.

Intente decir con la mente lo que no sabría decir con las palabras: hable así de su amor a quien aún no está al corriente de ello, perdone a su amigo el lío que ha organizado o sugiérale a su jefe que le aumenten el sueldo.

Hágalo mientras mira a los ojos al destinatario del mensaje y repítalo cuando duerme o en el momento en que él (o ella) está empezando a dormirse.

Visualice, con este fin, a la persona en cuestión: créela ante usted, evocando su rostro en su pantalla mental. La cosa le resultará mucho más fácil si posee una fotografía. Repita ahora mentalmente el mensaje imaginando que tiene la mirada fijada en sus ojos. No se pierda en largos discursos: bastarán pocas palabras claras, comprensibles y siempre pronunciadas en primera persona, nunca en segunda. Si, por ejemplo, quiere cooperar en la curación de una persona, nunca habrá de decir «curarás», sino «curaré», porque de esta forma el mensaje le llegará y será asimilado.

La telepatía onírica no tiene límites: puede animar, consolar, curar, proteger. Es conocido el que muchas esposas de soldados han salvado a sus maridos enviándoles mensajes de fe y de esperanza. Puede comunicar amores, deseos, miedos, o pedir perdón, o invitar a alguien.

Pero no intente hacer el mal, porque el mal, desviado por un invisible escudo, se volverá hacia usted. Esta es una de las más irreductibles leyes mágicas: el golpe de vuelta siempre está al acecho de todo aquel que intente despedazar la armonía del universo en lugar de secundarla.

El mensaje envolverá al destinatario como en un capullo, lo penetrará como una ola que fluye constantemente de la mente del sensitivo, que se habrá de dejar resbalar en el sueño.

La telepatía o el arte de comunicarse con el pensamiento

La palabra, creada en 1882, procede de los términos griegos *tele* («lejos») y *pathos* («sensación»); señala la transmisión de procesos psíquicos (pensamientos, emociones, sensaciones, imágenes) de un individuo a otro sin que medie en el trámite ninguno de los órganos de los sentidos. Este proceso puede tener lugar de forma espontánea o bien puede ser determinado por un acto de voluntad de uno de los dos (generalmente el transmisor). En este caso, el agente sabe que transmite e intenta hacerlo de la mejor manera posible, concentrando la idea sobre la imagen que quiere hacer llegar al receptor; este, por su parte, si está al corriente del experimento, puede favorecerlo con unas técnicas de relajamiento especiales, aptas para crear el vacío mental. En la telepatía voluntaria, el mensaje parece salir de la zona consciente de la mente; en la espontánea, procede del subconsciente, más dotado para la capacidad de transmisión; es siempre el inconsciente el que recibe el mensaje, que sólo en un segundo momento aflora a la conciencia, en forma más o menos completa, como intuición, alucinación o símbolo.

En la vida diaria, los fenómenos telepáticos, especialmente entre personas ligadas por una intensa relación afectiva, se presenta con mucha frecuencia: la frase dicha simultáneamente, el pensamiento que aflora en la mente de dos individuos al mismo tiempo, la sensación de saber exactamente quién está llamando cuando suena el teléfono... Todos ellos son pequeños ejemplos de telepatía que se dan con frecuencia en la vida cotidiana, pero a los que, por ignorancia, no se suele prestar importancia. La telepatía es uno de aquellos fenómenos paranormales que, precisamente por la frecuencia con que se presenta, ha sido estudiado y ampliamente comprobado en el laboratorio.

Muchísimas han sido las hipótesis, algunas desechadas por las sucesivas investigaciones, pero se trata siempre de opiniones, de teorías aún inciertas, tal vez inalcanzables para el hombre.

La telepatía, muy desarrollada en los niños pequeños, es un hecho que no atañe exclusivamente al ser humano: experimentos de laboratorio perfectamente comprobados han demostrado que también los animales, e incluso las plantas, son sensibles a las comunicaciones telepáticas. Este fenómeno no teme las distancias, aunque formas muy simples de comunicación se manifiestan generalmente entre individuos próximos y son favorecidas por el contacto físico; se han verificado fenómenos telepáticos incluso ultraoceánicos. Es muy conocido el experimento efectuado en el sumergible *Nautilus*, donde el sensitivo Jonas captó con una puntuación positiva del 70 % los símbolos de los naipes Zener que le fueron transmitidos desde 2000 m de distancia. Y eso no es nada si se compara con las experiencias telepáticas de Mitchell desde el *Apolo XIV* a la Tierra.

El transmisor y el receptor

Es difícil que un buen transmisor (o agente) pueda revelarse al mismo tiempo como un receptor discreto, o viceversa. Una diferente estructura psíquica orienta hacia la receptividad a un individuo tendencialmente pasivo, y hacia la capacidad de transmisión a una personalidad más activa, capaz de querer y de someter. Esto ha hecho que se convierta en una idea común considerar al hombre como transmisor y a la mujer como receptora, sin tener en cuenta las peculiaridades de carácter y astrológicas del individuo.

Las condiciones óptimas, en cambio, están representadas por la semejanza psíquica de los participantes. El contacto telepático resulta, en efecto, infinitamente más fácil entre personas semejantes, que se encuentran en la misma frecuencia vibratoria.

Cómo transmitir

Saber transmitir significa, ante todo, saber visualizar, es decir, cerrar los ojos y crear en la propia pantalla mental la imagen deseada. Se empezará, por ejemplo, al componer mentalmente un punto, una línea, una forma geométrica y un espacio en color, y fijándolos a una pantalla negra. En un segundo tiempo, cuando ya se domina el arte de crear imágenes mentales inmóviles, se procederá a moverlas a lo largo de la trayectoria imaginaria que se forma en la mente.

Cuando la visualización tiene una finalidad telepática, es necesario aprender a pensar a través de imágenes simples y muy luminosas, de contornos muy definidos.

Un buen sistema de transmisión ha de tener siempre en cuenta las preferencias del receptor. Resulta mucho más fácil captar colores agradables, siluetas de animales y objetos hacia los que se experimenta una atracción instintiva.

El transmisor procurará, por lo tanto, trazar sus propios mensajes telepáticos, con el color preferido por el receptor, casi siempre coincidente con la frecuencia vibratoria más en consonancia con él.

Cómo recibir

La mente del receptor, en estado de relajamiento o de autohipnosis, debe conocer la condición de vacío, para que el transmisor pueda trasvasar sus propios contenidos psíquicos. Lamentablemente, vaciar la mente no resulta tan sencillo como hacerlo con un vaso. Bandadas de pensamientos molestos, imágenes, ideas curiosas pasan rápidamente para perturbar la quietud, estimular la actividad, rebeldes a toda constricción, casi imposibles de extirpar. Entonces es mejor dejarlos pasar, sin intentar detenerlos, y abandonarse a la corriente sin una dirección precisa. Después, el mensaje telepático llega inesperado, nítido.

Ejercicios para el desarrollo de la telepatía

Contacto físico

El agente se situará de pie ante el receptor, cómodamente sentado, y apretará con la mano derecha la izquierda del otro. Trazará a continuación en su pantalla mental el número o la letra, la imagen o la palabra que el receptor tiene que captar. El ejercicio se irá haciendo cada vez más difícil, hasta eliminar el contacto físico entre los dos participantes. A continuación, el agente transmitirá desde una habitación distinta a la que se encuentra el receptor, que advertirá, con una campanilla, que ha llegado la percepción. Las distancias, naturalmente, podrán ser aumentadas.

Mensajes dibujados
El experimento prevé la participación de un transmisor y dos receptores, provistos de lápiz y papel, sentados en forma tal que no puedan observarse uno a otro.

El agente transmitirá mentalmente, visualizándolos, mensajes como: «Marcad un punto en la parte alta a la derecha de la hoja; trazad un círculo alrededor del mismo; dibujad un triángulo en el centro de la hoja; unid el círculo con el triángulo», y así sucesivamente, intentando dar siempre órdenes mentales simples, fácilmente perceptibles y realizables. Al final del experimento, los dos receptores deben comparar sus dibujos; si son semejantes, significa que la transmisión ha tenido lugar correctamente.

El puente mental
Se necesitan tres sillas colocadas en fila, un agente y dos receptores, de los que el segundo estará provisto de papel y lápiz. El agente tocará la mano de la persona que está sentada a su lado y visualizará mentalmente la orden que vaya a transmitir: «Dibuja un cuadrado, pon en el centro una cruz, traza un círculo sobre el cuadrado, añade una línea que llegue al borde de la hoja, etc.» El primer receptor, una vez captado el mensaje, debe tocar a la tercera persona para intentar transmitirlo, y esta habrá de realizar en la hoja el dibujo siguiendo las órdenes recibidas.

La sensación transmitida
La telepatía hace que la alegría o el dolor, el miedo o la serenidad vayan de uno a otro, uniéndolos.

Como si se tratase de imágenes, puede transmitir gestos, emociones, sensaciones, sentimientos, siempre que sean muy intensos y atávicos: concéntrese sobre algo espantoso y el receptor experimentará una sensación de miedo; visualice algo que le proporcione alegría y le verá sonreír, etc.

Los fenómenos PK

La parapsicología define con la sigla PK a todos aquellos fenómenos que implican una intervención directa sobre la realidad material mediante el uso de la energía mental. Objetos que se levantan y se pasean como si poseyeran una fuerza propia, personas que levitan, golpes en los muros, metales que se doblan, incendios inexplicables...: he aquí el aspecto más inquietante y menos controlable de lo paranormal, su cara embrujada.

Indudablemente, la acción psíquica sobre la materia implica el desencadenamiento de fuerzas poderosas que poca gente posee y que son manipuladas todavía por menos personas aún.

La parapsicología, al intentar poner un orden en un montón de increíbles fenómenos tan dispares, ha establecido dos grandes categorías: la telequinesia (es decir, el movimiento a distancia sin ningún contacto, como mesitas que se mueven, levitaciones o escritura directa) y la psicoquinesia (la acción del pensamiento sobre el sistema físico, como, por ejemplo, fenómenos luminosos, ectoplasmas o fotografía paranormal). Clasificaciones diversas subdividen, en cambio, los fenómenos en espontáneos o controlados, esporádicos o recurrentes.

Para obtener curaciones instantáneas y milagrosas, para asistir a levitaciones y materializaciones, para ver caminar sobre el fuego u observar las nieves perennes fundirse al calor de un cuerpo humano, es preciso abandonar nuestras latitudes, dejar atrás la civilización de la comida rápida y de la prisa. No es raro encontrar a alguien en las montañas del Tíbet meditando desnudo y produciendo tal calor sobre la nieve que la derrite o logra, al estar sostenido sólo por la fuerza de la mente, vencer la fuerza de la gravedad y mantenerse sentado en el aire.

Los propios Evangelios mencionan como milagros operaciones efectuadas sobre la materia: agua transformada en vino, multiplicación de panes y peces, caminar sobre las aguas...

Tan sólo hay un exiguo grupo de fenómenos que se pueden definir como PK que escapa a esta excepcionalidad, porque se repiten con una determinada frecuencia: las manifestaciones de los moribundos y de los difuntos. La casuística, en este caso, se amplía a una variada panorámica de objetos que se rompen sin causa aparente, relojes que se paran o se ponen a funcionar pese a estar estropeados, golpes, ruidos, estridencias causadas por la muerte de una persona querida o precursoras de la misma.

No es algo tan frecuente una forma particular de PK, el poltergeist, que popularmente se conoce como embrujamiento. Poltergeist significa, exactamente, «espíritu ruidoso», y esta expresión se emplea cuando del fenómeno que se presenta se puede esperar cualquier cosa: puertas y ventanas que se abren solas, todo tipo de objetos que se mueven, objetos muy sólidos que se rompen en fragmentos (mientras, paradójicamente, los más frágiles permanecen íntegros), etc. En esta animada zarabanda es característico que el movimiento de los objetos jamás está dirigido contra las personas (casi parece que hubiera entre ellos un mutuo acuerdo de esquivarlas, en una expresión de hostilidad generalizada, pero que nunca se lleva a consecuencias extremas).

El fenómeno que impulsa esta increíble fenomenología muestra una forma casi siempre constante. Hay un adolescente o una muchachita en el comienzo de la pubertad y una mujer madura próxima a la menopausia: se trara de una sexualidad naciente, que prorrumpe en contacto o en oposición con otra en declive. Algunas personas corren entonces a llamar al párroco y otras se refugian en el psicólogo. Pero la mayor parte de las veces, unas semanas más tarde (como máximo, a los tres o cuatro meses) todo vuelve a la normalidad.

El poltergeist es, por lo tanto, una forma de rebelión, de tensión psíquica o de no aceptación de un estado que desemboca inexorablemente en una expresión incontrolada de energía. Esto explica que también aparezca en los adultos después de un luto, en momentos de máxima preocupación, ante el dolor causado por un amor fracasado o ante la frustración por el trabajo perdido.

Practicar la psicokinesia

Para la práctica de la psicokinesia, muy atractiva, es necesario un entrenamiento extenso y constante. Es muy probable que se produzcan numerosos fracasos, sobre todo al inicio, por lo que no deben esperarse resultados inmediatos y deslumbrantes. La práctica se limitará, evidentemente, a objetos ligeros que no oponen una resistencia excesiva a la energía mental del médium.

Ejercicio n° 1

Disponga un trozo de papel sobre el que habrá depositado una aguja previamente frotada contra un imán. Llene un vaso de agua, coloque sobre la superficie el papel con la aguja. Al mojarse, el papel deberá hundirse hasta el fondo del vaso y la aguja se orientará hacia el norte magnético. Cubra el vaso con una placa de vidrio o de plástico transparente. A continuación, pruebe a concentrarse y actuar únicamente con la fuerza del pensamiento sobre la dirección de la aguja para modificarla. Le resultará útil controlar la respiración durante la fase de concentración.

Ejercicio n° 2

En el centro de un tapón de corcho, utilizado como soporte, clave una aguja que funcionará como pivote y una flecha de papel vitela o una paja situada horizontalmente a dos centímetros sobre el tapón. Cubra el conjunto con un pequeño tarro de cristal transparente, suficientemente alto y ancho para evitar la acción de las corrientes térmicas. Gracias a la concentración mental, deberá hacer girar la paja sobre la aguja. Podrá ayudarse si realiza movimientos rotatorios con la mano por encima del recipiente o bien trazando con el índice unas espirales en sentido inverso a las agujas del reloj y en sentido ascendente.

Ejercicio n° 3

Llene de agua un recipiente suficientemente grande, espere a que la superficie permanezca inmóvil, vierta a continuación unas gotas de aceite. Espere a su vez que el aceite se estabilice, a continuación concéntrese para que su energía mental lo desplace.

Ejercicio n° 4
Procúrese un objeto muy ligero, por ejemplo, un trozo de corcho, y colóquelo sobre la mesa. Siéntese de manera confortable, con las dos manos colocadas encima, casi tocándolo, concéntrese en la punta de los dedos. Cuando comience a sentir un hormigueo, una especie de cosquilleo que parte de los dedos y se desplaza hacia las manos y los codos, intente visualizar finos rayos, similares a cabellos que unen las puntas de los dedos con el objeto que quiere desplazar. Entonces, mueva lentamente las manos intentando mantener su concentración en los dedos, en los rayos y en el objeto, que comenzará entonces a moverse lentamente.

Ejercicio n° 5
Apoye sobre una botella una aguja de tricotar. Esta debe atravesar longitudinalmente un tapón de corcho. Complete el instrumento clavando simétricamente en el corcho dos tenedores de manera que queden suspendidos sin tocar la superficie de apoyo. Concéntrese en este instrumento e intente hacer que gire.

Caso especial: La mesa que se mueve

La mesa que se mueve es un fenómeno psicokinésico bastante frecuente en el entorno espiritista, utilizado como medio de comunicación con el más allá, en sustitución del trance mediúmnico (o como complemento). Se trata más exactamente de una mesa de madera que, gracias a la energía de todos los participantes se eleva sobre un pie, gira, recorre la habitación o da golpes contra el suelo. Dichos golpes, interpretados de acuerdo con un código especial, llegan a formar letras, palabras y frases de origen desconocido.

Los pioneros de este método fueron dos conocidas hermanas americanas: Margot y Katie Fox. Cuando tenían respectivamente 12 y 15 años, fueron las primeras en decodificar los golpes misteriosos en su habitación durante la noche.

Contándolos, al iniciar un diálogo con el «espíritu» de un vendedor ambulante asesinado por un vecino unos años antes, la familia Fox inventó el alfabeto espiritista.

La mesa en torno a la que los participantes se sientan, con las palmas colocadas sobre la superficie, puede utilizarse, en efecto, como instrumento para desarrollar la psicokinesia o como sistema de comunicación con el mundo de los muertos. En el primer caso, las energías de los participantes se canalizan hacia un fenómeno que es únicamente físico, por ejemplo, hacer girar la mesa o hacer que se eleve en el aire.

En el segundo caso, la manifestación psicokinésica se limita a algunos golpes dados por el mueble que, elevado sobre una sola pata, cae sobre el suelo, iniciando el diálogo con el difunto. En general, un solo golpe escuchado tras una pregunta formulada al ente se interpreta como un «sí», mientras que dos golpes significan «no». También puede aplicarse este código al alfabeto. En este caso, será necesario decir en voz alta la serie alfabética y aceptar como comunicación la letra confirmada por un golpe del ente. Mediante una serie de golpes, logrará formular palabras, frases e, incluso, dialogar.

La cadena espiritista

Para facilitar la labor del médium, es necesario que los participantes formen una cadena espiritista. Esta se crea al sentarse cuatro o cinco personas en torno a una mesa, de madera, si es posible. Los participantes deben pasar algunos minutos relajándose. A continuación, colocarán las manos extendidas sobre la mesa; las palmas deben apoyarse sobre la superficie y los dedos deben tocarse, pulgar con pulgar y meñique con meñique. Se puede elegir también la versión de la cadena abierta, en la cual los puntos de contacto están constituidos únicamente por los meñiques, mientras que los pulgares no se tocan.

Conviene alternar hombres y mujeres. Es recomendable evitar cualquier relación sexual poco antes de la experiencia para evitar que baje el potencial de energía. Además, como en los otros casos, no debe olvidarse que el ciclo menstrual altera e impide incluso el desarrollo normal del experimento. Otro elemento perturbador puede estar representado por la presencia en la cadena de personas mentalmente poco equilibradas, niños o escépticos profundos. La actitud adoptada debe ser de tranquila espera. Muchas veces no se produce ningún fenómeno y, con más frecuencia todavía, la cadena mediúmnica se revela como un excelente pretexto para la descarga de frustraciones.

El contenido de los mensajes
Es frecuente que una sesión de espiritismo sea muy prolongada y que, sin embargo, no dé lugar a conclusiones realmente interesantes. El trauma de la muerte y el hecho de encontrarse en una dimensión libre y atemporal crean en el ente grandes carencias en lo que concierne a nombres y fechas. Además, según algunos espiritistas, una especie de censura superior le impediría revelar con detalle determinados hechos a los vivos, a los que, probablemente, se considera poco maduros para conocerlos.

Cómo realizar una sesión
Una sesión puede dividirse, a grandes rasgos, en tres partes: inicio, desarrollo y conclusión. El acercamiento es la técnica que permitirá la identificación del espíritu que se aparece. En este momento una serie de preguntas del tipo: «¿Hay alguien ahí?; ¿De dónde vienes?; ¿Cómo te llamas?», pueden ser una forma de comenzar.

Fenomenología PK en la cadena espiritista
Se trata de un fenómeno que, para manifestarse, necesita una gran cantidad de energía psíquica que es difícil encontrar en un solo individuo, ya que se concentra con más facilidad gracias a la actividad coherente de un grupo. Las manifestaciones espiritistas se dividen en dos grandes categorías.
Fenómenos ultrafónicos. También denominados comunicaciones desde el más allá:

— trance;
— tiptología;
— xenoglosia: el médium se expresa en una lengua que desconoce;
— voz directa: a través de un pequeño dispositivo cónico, conocido como trompeta, se escucha una voz ultraterrena;
— escritura directa: el mensaje es escrito por una mano invisible sobre una mesa o unas hojas.

Fenómenos ultrafísicos. También denominados acción sobre la materia por parte de entes ultraterrenos.

Se establece, en primer lugar, de acuerdo con un código que es diferente según el tipo de investigación que se realiza, por ejemplo:

— rotación en el sentido de las agujas del reloj: sí;
— rotación en sentido inverso: no;
— sentido de las agujas: muchacho;
— sentido inverso: muchacha.

El péndulo puede utilizarse de muchas maneras y sobre diferentes objetos: suspendido sobre la fotografía de una persona o de un animal, es capaz de revelar si se trata o no de alguien que está vivo; sobre el vientre de una mujer encinta, indica el sexo de la criatura que va a nacer; sobre la palma de la mano o sobre el cuerpo de un enfermo, pone de manifiesto las regiones afectadas; en un cruce, indica la dirección correcta; sobre el suelo, señala una fuente subterránea, un yacimiento petrolífero, restos antiguos o joyas. Y, aunque pueda parecer sorprendente, funcionará con la misma fiabilidad que un mapa geográfico o un plano topográfico.

Los fenómenos extraños

La radiestesia

Radiestesia (del latín *radius*, «rayo», y del griego *aisthesis*, «percepción») es un término que señala la facultad de percibir, a través del movimiento de un pequeño péndulo o de una varilla especial, la presencia de sustancias subterráneas (agua, metales, petróleo, cuerpos). Sin embargo, no son las vibraciones del objeto oculto las que provocan el movimiento del péndulo (o de la varilla), sino los impulsos inconscientes emitidos por el radiestesista, unidos a su percepción clarividente. El sensitivo «ve» y «siente» la presencia del objeto escondido y lo manifiesta en una reacción ideomotora. Esto lo demuestra el hecho de que la presencia del radiestesista en el lugar de la búsqueda del presunto objeto no es en absoluto necesaria; él puede actuar desde lejos y localizar la posición sobre un mapa geográfico o topográfico. La radiestesia es, por lo tanto, como la bola, las cartas o los posos del café, un sistema de apoyo, la muleta que usa el sensitivo y a la que se agarra, el mágico instrumento que hace que algo se encienda en su mente. Si se le priva de esta herramienta, las cosas dejan de tener para él una voz y sus dotes paranormales desaparecen.

El péndulo se compone de un hilo largo (entre 30 y 50 cm) al que se encuentra sujeto, por lo general, el llamado *testigo*, un fragmento de la sustancia buscada o relacionado con ella. Ocupa sólo la mitad del espacio de un encendedor y no llega a pesar 50 g.

Siempre existe la posibilidad de improvisar un péndulo en una situación de emergencia. Bastará con un hilo, una cuerdecilla o el cordón de un zapato. Un anillo, una llave, un imperdible o cualquier otro objeto, siempre que sea simétrico, formará el cuerpo oscilante. No es caprichoso, habla un lenguaje simple y no exige la menor preparación ritual; pero recuerde que detesta el viento. Basta con un soplo, una corriente, para hacerlo enloquecer.

Para construir un cuadrante con el fin de llevar a cabo la búsqueda de los datos más destacados de una personalidad, sólo hará falta una hoja, un compás, una pluma y una regla. Trace un círculo y subdivídalo dibujando los radios, como si dividiera un pastel en porciones: haga tantas como sean las probabilidades entre las que el péndulo habrá de elegir; por ejemplo, las previsión meteorológica como el esquema que aparece en esta página. Extienda la otra mano, con la palma hacia abajo sobre la de la persona en cuestión, sobre una fotografía suya o cualquier otro testigo (uñas, cabello, etc.). La dirección en la que tienda el instrumento indicará la respuesta más exacta; la ausencia de movimiento, la oscilación indecisa entre un sector y otro de la línea de demarcación puede significar, en cambio, que los dos sectores señalados tienen su importancia.

Otro sistema es aquel por el cual se mantiene el péndulo cogido con la mano izquierda y suspendido sobre la mano del consultante o testigo, mientras con la mano derecha va tocando el cuadrante, poco a poco: cuando el sector de la verdad es rozado, el péndulo comienza a girar.

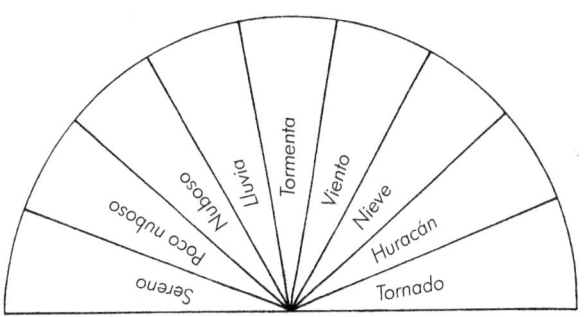

Si está verdaderamente interesado en la radiestesia para el diagnóstico de enfermedades, recorra el cuerpo del enfermo con el péndulo y controle las diferencias de movimiento; el péndulo girará con movimiento rotatorio sobre el órgano enfermo, mientras que se limitará a la oscilación normal en ausencia de enfermedades determinadas.

En cambio, cuando la habilidad radiestésica que pretenda desarrollar esté ligada al hallazgo de objetos escondidos, practique la caza del tesoro. Pida a alguien que esconda bajo una alfombra o una gruesa hoja de papel fragmentos de diferentes metales. Establezca para cada uno un código particular (por ejemplo: estaño, diez vueltas; plomo, veinte vueltas; cobre, treinta vueltas, etc.) y pruebe sus dotes, que irán aumentando con la práctica constante.

También podrá utilizar sus facultades radiestésicas valiéndose de un mapa o de un plano. Intente, por ejemplo, seguir a un amigo a lo largo de un viaje del que no conoce el destino, o encontrar a un conocido en una calle de su ciudad. Para ello necesitará un testigo. Existen tres tipos de testigo:

— el testigo «efectivo»; por ejemplo, una botella que contenga agua si lo que se busca es agua, un objeto de oro si la búsqueda se orienta hacia este metal, etc.;
— el testigo «convencional» consiste en una simple hoja que lleva el nombre del objeto buscado;
— el testigo «indirecto» consiste en un mechón de cabellos, una parte de la vestimenta o una fotografía de la persona buscada. Concéntrese sobre sus oscilaciones. Deténgase cada vez que se sienta inseguro y, como si estuviera recorriendo una ruta por etapas, sincérese preguntando a su pequeño ayudante que le confirme cualquier acierto o error, mediante una convención. Puede, por ejemplo, establecer que a la dirección exacta corresponde la rotación horaria y la equivocada a la rotación antihoraria.

La rabdomancia

En sus orígenes, la rabdomancia era un sistema de adivinación creado por los germanos, los cuales cortaban trozos de ramas, tallaban en ellos signos hieráticos y los echaban sobre un pedazo de tela, para interpretar las figuras que se formaban por su proximidad casual.

El verdadero antepasado de la actual rabdomancia —la búsqueda de agua o metales siguiendo el movimiento de una varilla— fue, en cambio, el uso del caduceo de Mercurio, también utilizado por los ingenieros de minas para sondear la riqueza del terreno.

Para construirlo, la tradición recomienda elegir, un miércoles por la noche y con Luna nueva, dos simples ramas de avellano, fresno, acebo, espino albar o manzano (se desaconseja el tilo), del diámetro de una pluma y de 30-50 cm de largo; al mismo tiempo, habrán de estar arqueadas y ser flexibles. Se han de atar juntas, uniendo los extremos cercanos; el instrumento asume así la forma de una Y invertida.

El rabdomante ha de empuñar con cuatro dedos y los pulgares vueltos hacia el exterior las dos ramas libres de la varilla, manteniendo el cuerpo central (compuesto por los dos troncos unidos) recto ante él y dirigido hacia lo alto en posición vertical. El instrumento, cuando se aproxime al agua o al objeto buscado, describirá en el aire un ángulo de 180 ° (y, a veces, también de 360 °), y se dirigirá hacia el suelo, marcando la posición exacta.

Cómo utilizar una varilla

www.ingramcontent.com/pod-product-compliance
Lightning Source LLC
Chambersburg PA
CBHW060209050426
42446CB00013B/3035